智能时代
媒体重塑

本书课题组 ◎ 著

THE UPGRADING OF MEDIA
IN THE AI ERA

新华出版社

图书在版编目（CIP）数据

智能时代：媒体重塑 /《智能时代：媒体重塑》课题组著.
-- 北京：新华出版社，2020.1
ISBN 978-7-5166-5026-4

Ⅰ. ①智⋯　Ⅱ. ①智⋯　Ⅲ. ①人工智能 - 应用 - 媒体(新闻) - 研究
Ⅳ. ①G21-39

中国版本图书馆CIP数据核字（2019）第283505号

智能时代：媒体重塑

作　　　者：	《智能时代：媒体重塑》课题组		
责任编辑：	田丽丽	封面设计：	刘宝龙
出版发行：	新华出版社		
地　　　址：	北京石景山区京原路8号	邮　　编：	100040
网　　　址：	http://www.xinhuanet.com/publish		
经　　　销：	新华书店、新华出版社天猫旗舰店、京东旗舰店及各大网店		
购书热线：	010-63077122	中国新闻书店购书热线：	010-63072012
照　　　排：	六合方圆		
印　　　刷：	河北鑫兆源印刷有限公司		
成品尺寸：	165mm×235mm		
印　　　张：	16.25	字　　数：	220千字
版　　　次：	2020年5月第一版	印　　次：	2020年5月第一次印刷
书　　　号：	ISBN 978-7-5166-5026-4		
定　　　价：	48.00元		

版权专有，侵权必究。如有质量问题，请与出版社联系调换：010-63077124

《智能时代：媒体重塑》课题组

课题组成员：朱智宾　南　隽　何慧媛　毛　伟

李　成　庞晓华　陈　怡

前　言

人工智能是引领未来的战略性高科技，是新一轮产业变革的重要驱动力，给人类发展带来了新机遇。2019年5月，习近平总书记在致"国际人工智能与教育大会"的贺信中指出："人工智能是引领新一轮科技革命和产业变革的重要驱动力，正深刻改变着人们的生产、生活、学习方式，推动人类社会迎来人机协同、跨界融合、共创分享的智能时代。"当前，人工智能浪潮已经渗透到教育、医疗、公共服务等众多领域，对政府管理、经济安全和社会稳定乃至全球治理也将产生深远影响。

人工智能催生促发传媒业深刻变革，带来全方位、全流程、全链条的影响，以及广泛的、深远的、革命性的重塑。人工智能为传媒业带来了前所未有的机遇，也带来了前所未有的挑战。习近平总书记指出"探索将人工智能运用在新闻采集、生产、分发、接收、反馈中"。顺应人工智能技术浪潮，国内外传媒界纷纷探索新技术新路径，从简单技术到关键技术，从单个环节到全链条，从传统模式到新业态，媒体融合不断向纵深领域拓展。

近年来，新华社深入贯彻落实习近平总书记要求，聚焦通讯社主业加快先进技术研发应用，推动技术建设从支撑性保障向引领性保障转变。注重发挥人工智能的比较优势，研究开发人工智能技术在新闻全链条运用，打造智能化生产平台，把编辑记者从简单劳动中解放出来，更多从事思想性、创意性智力劳动，推出国内最大的新闻直播平台"现场云"，机器自动生产视频、人机一体协作的智能化生产系统"媒体大脑",以及全球首个智能合成主播,引领世界媒体人工智能发展潮流,走在媒体变革前列。坚持守正创新,在媒体变革中始终践行"四力",在推动技术建设与内容建设深度融合的过程中,注重提升思想性、突出新闻性、确保真实性、增强可读性。正确处理人机协作,用主流价值驾驭技术发展,将正确导向融入算法模型、产品生成、稿件推送,让先进技术更好地服务于壮大主流思想舆论。

在不断取得人工智能在媒体运用关键技术的同时,新华社还重视国内外媒体运用人工智能技术的理论研究。2019年5月,新华社新闻研究所成立了"人工智能时代媒体变革与发展"课题组,坚持长年、常态性跟踪研究。2019年课题组重点完成以下工作:

一是深入调研国内外传统媒体智能化研发和运用情况。在国内,走访了人民日报、新华社、中央广播电视总台及上海、广东、安徽、福建、四川、云南、贵州等十余家省级传统媒体,并完成了对美国、英国、法国、俄罗斯、日本等海外主要媒体的调研,掌握了传统媒体在人工智能技术方面的研发成果、应用现状和发展方向。

二是深入国内新媒体及新兴科技公司调研。调研对象有人民网、新华网、央视网等重点网站,有今日头条、快手等新兴信息交流平台,有腾讯、阿里巴巴等社交电商头部公司,还有搜狗、商汤科技、科大讯飞、深醒科技等科技公司,了解了人工智能技术研发和运用的新动态、新场景和新成果。

三是面向我国传媒业开展问卷调查。课题组针对媒体从业人员开展问卷调查,回收有效问卷951份,覆盖全国中东西部的百余家新闻媒体。调查对象包括业务管理人员、新媒体项目和运营负责人、普通采编人员、技术部门等,全面、客观,多维度、立体化地展现了人工智能时代我国媒体变革与发展现状,并结合存在的问题提出建议、探求对策、展望趋势。

四是深入重点高校院所及科研机构调研。 课题组先后深入到中国科学院、中国信通院、中国移动研究院、清华大学、北京大学、浙江大学、中国传媒大学等科研院所调研，走访了人工智能及新媒体等领域的专家学者，从理论学术层面深刻认识人工智能技术对信息传播的影响、技术发展对媒体变革的机遇挑战等。

五是深入总结媒体智能化发展的研究成果。 课题组对国内外人工智能技术研发、新闻媒体智能化应用等相关领域的研究文献进行梳理与总结，从学理层面比较全面掌握了业界的实践情况和学界的研究动态。

当前，人工智能对于人类社会发展的影响，正处于从量的积累向质的飞跃、点的突破向系统能力提升、一般技术向重大技术突破的重要时期，对全球传媒业带来的影响还仅仅是冰山一角，未知远远大于已知。机遇从来都是青睐有准备的人。作为正在迈向国际一流的新型世界性通讯社的新华社，有责任和担当站在时代潮头，发现传媒业人工智能技术趋势，认识传媒业人工智能技术规律，迎接人工智能给传媒业带来的挑战，做大做强主流媒体。

本次调研成果形成了专著《智能时代：媒体重塑》，主要分为研究报告、典型案例、问卷调查报告三大部分，全面分析人工智能在全球传媒业应用的发展现状，系统展示国内外传媒业人工智能应用的技术成效，深入探讨传媒业面对挑战的对策建议，力图研判人工智能时代传媒业的发展趋势。

衷心感谢在本次调研中给予大力支持和帮助的媒体机构、科技企业、专家学者和媒体同仁！

本书课题组

2020 年 1 月

目 录
CONTENTS

前 言 / 1

摘 要 / 1
  一、现状分析 / 2
  二、问题与挑战 / 4
  三、对策与建议 / 7
  四、趋势展望 / 10

第一部分　研究报告

第一章　人工智能技术对社会发展及传媒领域的影响 / 3
  一、人工智能技术不断创新 / 5
  二、人工智能技术广泛应用 / 10
  三、人工智能赋能传媒发展 / 16

第二章　媒体人工智能应用现状 / 25
  一、国内外媒体布局智能化战略 / 27

二、媒体从业人员培育智能化理念 / 32

三、媒体智能技术的实现路径 / 35

四、智能技术推动媒体融合发展 / 39

第三章　人工智能在新闻传播全链条中的具体应用 / 43

一、信息采集与线索挖掘 / 45

二、内容生成与编辑 / 48

三、内容分发和个性化推送 / 52

四、用户反馈与互动 / 52

五、新闻事实核查 / 53

六、版权保护 / 54

第四章　人工智能应用对用户与受众市场的影响 / 57

一、提高报道时效质量 / 59

二、拓展产品形式样态 / 62

三、吸引用户参与互动 / 63

四、促进服务精细精准 / 65

五、提供场景感受体验 / 66

第五章　媒体应用人工智能技术面临的问题与挑战 / 69

一、观念认知水平滞后于智能化发展趋势 / 71

二、传统媒体体制机制不能有效适应变革 / 72

三、传统媒体机构技术基因先天不足 / 73

四、数据标注成为媒体智能化发展瓶颈 / 75

五、智能化发展给形成舆论共识和防止假新闻带来挑战 / 76

六、用户数据安全与隐私成为不容回避的伦理风险 / 77

第六章　人工智能时代新闻媒体创新发展的对策与建议 / 79

一、谋划智能化发展战略，探索技术发展新路径 / 81

二、转变传统思维观念，顺应智能化发展新趋势 / 82

三、变革新闻生产体制机制，切实发挥技术引领 / 83

四、推动内容智能化创新建设，增强舆论引导力 / 83

五、全面整合市场资源，推动媒体融合纵深发展 / 84

六、重视挖掘数据价值，重塑传媒业核心竞争力 / 85

七、打造智媒体新型团队，培育全媒化人才队伍 / 86

八、探索法律伦理规约，确保人工智能可管可控 / 86

第七章　人工智能时代媒体发展趋势与展望 / 89

一、主流媒体加速融合发展及智能化进程 / 91

二、新媒体业态将不断涌现 / 91

三、行业巨头愈发重视关键核心技术的研发 / 92

四、主流媒体集团与头部科技公司越来越强大 / 92

五、人机深度融合成为提升新闻工作者"四力"的未来常态 / 93

六、媒体专业界限更加宽泛 / 93

七、智媒体将提供更有温度的产品服务 / 94

八、音视频生产消费将迎来全方位升级 / 94

九、传媒业版权保护的意识与能力将不断增强 / 95

第二部分　案例分析

一、媒体篇

新华社智能化编辑部：重塑采编流程　提高生产效率 / 99

中央广播电视总台"央视频"：打造有品质的视频社交 / 111

人民网舆情数据中心：数据赋能，让舆情服务拥有更广阔的想象空间 / 119

美联社、汤森路透、法新社：把握新闻产品和服务的未来引擎 / 137

二、平台篇

今日头条：重新定义人与信息的连接 / 153

快手：借助人工智能带给普通人更多"幸福感" / 165

三、技术篇

"媒体大脑"：将技术之力赋予内容生产者 / 175

科大讯飞：让机器能听会说，能理解会思考 / 187

第三部分　问卷调查

问卷调查报告 / 201

样本信息 / 227

参考文献 / 232

后　记 / 234

摘　要

党的十八大以来，习近平总书记把创新摆在国家发展全局的核心位置，高度重视人工智能发展，多次谈及人工智能重要性，为人工智能如何赋能新时代指明方向。近年来，我国先后颁布了一系列国家级战略规划，启动实施人工智能重大项目、推动人工智能学科建设、布局人工智能创新发展实验区，不断强化人工智能基础理论和关键技术研究，促进人工智能与经济社会的高度融合。

人工智能技术的突飞猛进带动了媒体行业的飞速发展，全球新闻传播领域呈现出智能化发展趋势。人工智能技术不仅重塑了新闻生产的整个业务流程，而且改变了传媒产业链上的各个环节，还催生出新的媒体业态。人工智能技术在与新闻媒体结合的过程中具有广泛的应用领域和想象空间，甚至可以将人工智能视为下一代新闻媒体的生态环境。

人工智能时代，传媒业应坚持守正创新，在变革中厘清变与不变的认识，把握坚持与发展的关系，避免走入"技术至上论"的迷思。牢牢坚持内容为王，在任何时候都不能丢掉主流媒体的内容优势，同时努力运用智能技术提升媒体的传播力、引导力、影响力、公信力。必须明确"人机协作"中居于主导地位的仍然是人，人工智能技术是服务于新闻信息策、采、编、发的工具，不能完全代替人。媒体从业人员应认真践行"四力"要求，不断增强脚力、眼力、脑力、笔力，采写有思想、有温度、有品质的新闻。

课题组深入调研国内外媒体智能化发展情况,了解人工智能领域代表性科技公司的前沿进展,同时面向国内百余家媒体开展问卷调查,调查范围涵盖通讯社、报纸、广播、电视、网站、新媒体业态等各类媒体机构。综合深度调研以及问卷调查结果,我们有以下发现:

一、现状分析

近几年,国内媒体融合深入推进,传统媒体正在发生嬗变,大量新闻信息内容不仅通过报刊、广播、电视等载体传播,还向网站、"两微一端"等新的传播渠道拓展。随着算法推荐、语音交互、计算机视觉等技术的不断发展,新型主流媒体建设提速,国外媒体对人工智能的探索运用也如火如荼。传媒业希望借助人工智能技术高效地进行内容的生产、分发、管理,打造媒体与用户之间的互联互动的新生态,助力转型升级与融合发展。人工智能正深度融入传媒产业链的各个流程和环节,催发一系列的化学反应。

※ **一是国内传媒业对人工智能技术的应用呈现积极态势,有助于舆论引导能力和传播效果的增强。**

超八成(81.8%)受访者认为国内传媒业对智能技术的应用呈现出积极态势。人民日报、新华社、中央广播电视总台以及不少地方媒体积极迎接人工智能时代到来,创新体制机制,整合各方资源,释放新闻生产力,智能化新技术、新产品不断涌现。近半数(49.2%)受访者认为人工智能技术的应用,使媒体舆论引导能力增强,传播效果提升明显。

※ **二是国内多数传媒对人工智能技术的应用程度及效果一般,不少传统媒体智能化建设迟缓。**

超四成受访者表示,目前国内传媒业对人工智能技术的应用程度及效果一般。受限于资金、人才、技术等方面的问题，不少传统媒体智能化发展方面动作迟缓：一方面一些传统媒体的移动化、数字化转型已举步维艰，盈利模式不清、人才流失严重，智能化发展需要的关键技术和设备成本投入高昂，成为其不能承受之重；另一方面很多传统媒体的技术力量薄弱，不具备自主研发和搭建平台的能力，很难实现人工智能技术的快速落地和持续迭代，因此部分传统媒体应用人工智能面临重重阻碍和困难。受访者普遍认为新媒体业态、机构对于人工智能技术的应用效果好于传统媒体。

※ 三是人工智能技术对媒体采编发流程的影响很大，已渗透至新闻领域各环节。

人工智能对媒体采编发流程的影响最大，对编辑工作、媒体机构品牌的影响也比较大，相对而言对记者工作、经营工作的影响小一些。随着人工智能技术的不断成熟，国内外传媒业都开始将其运用到新闻生产传播的各个环节，数据挖掘被用于寻找新闻线索，机器人写作被用于内容生产，算法推荐接管内容分发等。人工智能已经渗透至信息采集、内容生产、内容分发及与用户互动等全链条。数据表明，国内新闻工作各业务环节中，人工智能应用渗入程度最高的环节集中在舆情监测/线索收集、内容精准传播、用户画像等方面。人工智能应用对新闻报道的时效性、个性化新闻分发的精确度、新闻生产效率提升等方面的帮助作用最为受访者认可。

※ 四是算法推荐新闻、AI合成主播等智能技术应用，令媒体从业者印象深刻。

受访媒体人印象最深的智能应用是今日头条算法推荐和个性化信息流分发，新华社推出的AI合成主播、"媒体大脑"。人工智能技术驱动的新的媒体业态中，受访者印象最深的集中在视频平台（快手、抖音等）、资讯定制类平台（今日头条、一点资讯等）及网络社交类平台（微博、微信等）。受访者知晓程度最高的五项智能技术是 AI 合成主播（39.0%）、算法推送新闻（39.0%）、机器人写稿（37.6%）、舆情监测/新闻热点抓取和预测（36.2%）和智能检校（监测新闻稿件中的可疑或高危文本/图片并进行预警）（34.1%）。综合受访者在使用频率、易用性、重要性、对效率的提升程度等维度的打分情况，传媒领域落地的五大"明星"智能技术是：原创识别及盗版追踪、视频字幕生成、算法推送新闻、图片视频自动分类以及采访助手（自动把采访的语音或视频转化成文字辅助编辑写稿）。

※ **五是人工智能对传媒业影响巨大，将助推新业态产生及媒体融合发展。**

超八成（87.4%）受访者认为人工智能对传媒业整体影响大。近七成（67.2%）受访者认为，人工智能将不断催生新的媒体业态。今日头条、一点资讯、快手等虽然声称自己不是媒体，但它们运用人工智能技术实现算法推荐分发，并积极打造内容生态平台，业已成为具有媒体属性的新兴业态。82.9%的受访者认为国内媒体融合发展进程中，人工智能技术的应用空间大。55.9%的受访者认为人工智能将与媒体"深度渗透（融合）"，助推媒体融合向纵深迈进。

二、问题与挑战

人工智能与媒体各业务环节深度融合，实现了提质增效，但在发展进程中，面临不少问题与挑战。对于媒体自身而言，技术基因先天不足、队伍能力跟不上发展要求以及理念、成本等问题在国内外传媒界普遍存在。与此同时，随着人工智能技术越来越多介入新闻生产和传播实践，其双刃剑效应愈加明显，失序失范现象频现，一系列新问题新挑战接踵而至。

※ 一是观念认知水平滞后于智能化发展趋势。

有效推动人工智能技术应用与媒体创新变革，理念必须先行。调查数据显示，59.7%的受访者认为，推进媒体智能化发展，首先要全员刷新观念、提高认识水平。没有充分的思想认识和正确的思想观念，就难以有科学的发展战略和创新策略。目前，媒体应用人工智能最常见的观念和认知误区表现在三方面：一是在观念上，对运用人工智能加速媒体融合"雾里看花"，认识不充分、不到位。二是在认知上，对人工智能技术在新闻生产领域具体环节的应用效果，还存在"看不见""看不起""看不懂"的情况。三是一些媒体机构对于人工智能重视程度不够，缺乏清晰的发展目标、实施路径和战略规划。

※ 二是传统媒体体制机制不能有效适应变革。

首先，表现在传统组织架构、业务流程的不适应。问卷调查数据显示，63.9%的受访者认为媒体应对人工智能的挑战首先应注重改造传统的采编发业务流程。近年来，一些媒体先行先试，在空间意义上完成了平台架构和外部形态的改造，但在实际生产运作中还需要进一步理顺生产关系、重构新闻生产流程。其次，是资金制约。人工智能相关软硬件的引进开发及数据库构建管理需要较高资金投入，在当前传统媒体整体业绩下滑背景下，不少媒体在调研中表示"有心无力""没钱投入"。第三，人才队伍建设面临新课题。一些传统媒体人员队伍能力跟不上媒体智能化发展要求，不能熟练运用新技术、新手段，存在"本领恐慌"。缺乏媒体智能化发展所需的复合型人才、创新性人才，特别是在技术、运营等部门，领军人才少之又少。传统媒体由于体制机制掣肘，大多存在人才"用不好""留不住""招不来"的难题。

※ 三是传统媒体机构技术基因先天不足。

技术是媒体发展变革的第一生产力。从全球范围看，不少传统媒体积极拥抱人工智能技术，努力转换角色，从内容生产者向平台运营者转化。然而，如何科学合理地研发、运用智能化技术，提高人工智能技术的本土化水平，开发满足市场需求的新场景、新模式，确保应用水平与技术本身的发展水平相匹配，始终是媒体智能化转型的一大痛点。调查结果表明，75.3%的受访者认为媒体应对人工智能的挑战最重要的是增强采编队伍技术储备和创新能力。当前，技术基础设施不足、技术实力不足、人工智能技术应用水平与创新能力有限、媒体机构与技术公司的合作模式有待优化，是影响人工智能技术在媒体落地应用的四个主要问题。

※ **四是数据标注成为智能化发展瓶颈。**

提高人工智能应用水平，大规模、高质量的数据积累必不可少。媒体机构在内容生产、用户服务过程中会产生海量的新闻素材数据及用户行为数据，但大量的数据资源并不能直接用于人工智能的算法训练。调查数据显示，59.5%的受访者认为，面对人工智能的挑战，要高度重视内容数据化。目前，国内不少媒体已在这方面展开积极尝试，但海量的新闻稿、历史图片、视频数据等数据资源，需要投入大量成本，进行"数据清洗"（Data cleaning）以及标框工作，生成高质量的信息化数据。对于数据的清洗整理、加注标引、入库管理需要大量的财力及物力去支撑。因此，对于大多数媒体而言，从"数字化"时代进入"数据化"时代，还有很长的路要走，媒体在布局人工智能战略之初，就必须注意到数据的重要性，着力打造完备的数据源和处理庞大数据系统的能力。

※ **五是智能化发展给形成舆论共识和防止假新闻带来挑战。**

推荐算法基于用户精准画像进行内容筛选推送，提升了新闻生产个性化和新闻推送准确率，同时，由于侧重迎合个人偏好，导致"信息窄化"，形成"信息孤岛"。长此以往，舆论趋于分化、极化、碎片化，形成社会共识、增强社会凝聚力难度加大。与此同时，人工智能技术滥用误用引发虚假新闻危害，基于深度学习、虚拟现实等的换脸技术、语音合成技术、视频生成技术大大发展，虚假文本及音视频成为"新型谣言"。调查结果显示，半数以上（54.5%）受访者认为，假新闻的识别难度加大是影响人工智能发展的重要问题。传统假新闻尚可通过多种渠道验证真伪，但在人工智能技术"黑箱化"的趋势下，信息来源和真伪的判断难度加大。

※ **六是用户数据安全与隐私成为不容回避的伦理风险。**

基于广泛数据分析的人工智能技术大大增加了公民隐私受侵犯的风险，对个人信息的非法使用和采集，对数据来源缺乏安全有效保护，易于造成隐私泄露，出现信息安全问题。调查中，半数受访者认为，隐私保护难度加大已成为人工智能在传媒业运用中存在的重要问题。在媒体智能化发展进程中，用户在与媒介接触的过程中生成了海量数据，在基于用户个人资料、行为数据提供更精准更优质服务的同时，保障数据安全、尊重用户隐私十分重要，必须时刻关注在保护用户数据方面是否存在漏洞，加强对用户隐私的保护，落实相应的人工智能安全策略。

三、对策与建议

随着媒体融合发展进入新阶段，人工智能已经不再仅是一种趋势，而是媒体产业变革的重要驱动力，谁在智能化领域占得先机，谁就能掌握媒体变革的主动权。从技术发展角度看，目前尚处于"弱人工智能"时期，国内外媒体对人工智能技术的应用更多属于初步探索，一些智能化理念从技术规划设想到真正实践应用还有很长的路要走。随着科学技术的不断发展，人工智能将持续推动变革新闻媒体的形态与业态，面对新变化和新态势，我们提出以下建议：

※ 一是谋划智能化发展战略，探索技术发展新路径。

主流媒体应当根据自身的发展特点和实际情况及早谋划、尽快制定智能化发展战略，抓住人工智能、大数据、云计算、区块链等发展战略机遇，探索技术发展新路径，打造新的竞争优势。具有资源优势的中央级媒体需要进一步发挥引领作用，积极探索技术发展新路径，加大对人工智能的自主研发投入，掌握技术核心，打造智能化、移动化、可视化、社交化等自主可控的新媒体平台；同时，加强与头部科技公司的技术研发合作，拓展前沿技术引进渠道。其他媒体机构应当有选择地走技术自主研发或者技术引进之路，确保在智能化发展浪潮中不落伍、不掉队。

※ 二是转变传统思维观念，顺应智能化发展新趋势。

正如互联网对传统媒体带来的冲击一样，无论个人意愿如何，人工智能已经深入影响传媒业的发展变革。传统媒体机构需要培养新的观念理念顺应智能化发展新趋势，探索新的体制机制、新的组织架构、新的业务流程以及新的人才队伍，进行彻底的智能化转型。传统媒体人需要主动转型，改变旧式的媒体思维，深化对人工智能发展趋势的认识，提高对技术运用与内容创新关系的认知，不断适应人工智能技术的发展潮流。

※ 三是变革新闻生产体制机制，切实发挥技术引领。

人工智能技术对新闻生产方式的影响，将直接推动未来媒体的发展。主流媒体的融合发展与智能化创新，不仅是成立新部门、运用新技术，而且要推动媒体资源的全面融合，以核心技术、关键技术为依托再造新闻生产全流程。人工智能时代，主流媒体不仅要重视技术研发与应用的资金投入，而且要尽快创新变革新闻生产的体制机制，依靠新的制度实现技术与新闻生产各要素的优化整合，更好地吸纳资源、吸引人才，构建管理扁平化、功能集中化、产品全媒化的融合发展体系，真正释放科技潜能、不断激发创新活力、切实发挥技术引领。

※ 四是推动内容智能化创新建设，增强舆论引导力。

人工智能等新科技能够推动新闻报道的形式创新、手段创新，但内容创新是根本。主流媒体在引入并运用新科技的基础上，要进一步推动前沿技术充分赋能内容创新，把内容创新与形式创新有机结合。传媒业不仅要注重新技术的使用，更要提高内容的深度挖掘和技术对内容表现和传播的适配性，使得新闻内容与前沿技术应用无缝对接。同时，主流媒体要充分借助人工智能等前沿科技深入研究新媒体传播规律和受众市场，不断改进产品设计、优化产品形态、提高产品质量，切实增强舆论引导力。

※ 五是全面整合市场资源，推动媒体融合纵深发展。

人工智能与5G、大数据、云计算、物联网、区块链等新兴科技产业一同改变着传媒业的发展生态。传统媒体机构只有不断跨界整合市场中的科技资源与技术力量，在产品融合、终端融合、渠道融合、人员融合等各方面实现跨越式发展，才能在信息市场中重握主动权，逐步构建起合理的信息传播生态圈及价值体系。中央级媒体拥有得天独厚的资源优势，必须作为主力军和排头兵积极探索技术资源整合的方式方法、渠道途径及发展道路，充分发挥科技赋能效应，推动媒体融合纵深发展。

※ 六是重视挖掘数据价值，重塑传媒业核心竞争力。

主流媒体在长期发展过程中积累了大量丰富宝贵的采编资源，为其不断提高报道质量、有效履行职能发挥了重要作用，应当充分挖掘数据价值，探索打造一体化大数据管理体系，利用先进算法和算力，实现数据资源的整合共享、数据标引、数据清洗、人工智能训练以及结构化存储。主流媒体应当将大数据分析能力融入新闻生产全流程，使新闻生产流程从基于经验升级至基于数据，探索建立传媒业特有的数据生态，打造数据驱动型媒体，重塑核心竞争力。

※ **七是打造智媒体新型团队，培育全媒化人才队伍。**

智能媒体需要匹配"智能+"的编辑记者，未来的新闻人才队伍应当是复合型的，既需要复合型的个人，更需要复合型的团队，"全媒体编辑记者+人工智能工程师"可能将成为趋势。主流媒体需要科学制定融合发展整体规划，改变传统招聘重采编轻技术的状况，加大智能技术人才的选聘力度；加强传统采编人员的智能技术培训，提升采编人员之间、人机之间的协同创新能力；探索专家型编辑记者培养与融合报道能力提升的有机结合，构建专业型和全媒型人才成长的"双路径"。

※ **八是探索法律伦理规约，确保人工智能可管可控。**

传媒业在开展人工智能的研发和应用中，需要把握住以人类价值观为导向的方法论，充分考虑人的良知和情感，避免出现安全失控、法律失准、伦理失常等问题，如当前各大新媒体资讯平台需要不断完善算法推荐机制以确保舆论安全等。随着技术的发展，人工智能的能力将不断增强，应当尽快从法律法规层面制定符合媒介伦理的规则和标准，严防技术失控、保护用户隐私、确保人工智能产品皆可溯源，使人工智能既要具备"智慧"，又要确保其"善用"。

四、趋势展望

目前，人工智能对传媒业产生深刻影响，从内容生产自动化，到智能分发精准化，再到内容形态多样化和运营管理系统化，其业务流程和生态体系发生着翻天覆地的变化。未来，将呈现以下发展趋势：

※ **一是主流媒体加速融合发展智能化进程。**

人工智能在媒体融合发展中的效应，一方面在于提高媒体全要素生产率；另一方面，人工智能将推动媒体更好发挥在国家治理体系现代化中的作用。构建共享、共建的智能化新型主流媒体平台，打造公共信息服务的智能媒体矩阵，或是媒体融合发展的重要方向。

※ **二是新媒体业态将不断涌现。**

传媒业态和内容样态逐渐增多，"四全媒体"内涵和外延都将继续扩展，新平台、新终端、新交互工具不断演化迭代，机器人新闻、传感器新闻、区块链新闻等新闻品类将蓬勃发展。

※ **三是行业巨头愈发重视关键核心技术的研发。**

科技公司技术研发将致力于专用芯片、算法平台和垂直数据为重点的人工智能生态体系，提供更优质的服务；通过多种技术路径，推动人工智能质的飞跃。主流媒体通过自主研发和外部合作，为解决采编审发、版权保护、盈利模式等痛点提供有效路径。

※ **四是主流媒体集团与头部科技公司越来越强大。**

随着技术在新闻传播实践中的作用增大，媒介组织形态将出现新的分化、组合。主流媒体集团和头部科技公司具备更强的资源吸附能力，在传媒业中起到技术引领作用。一部分媒体机构逐渐边缘化甚至消亡，一部分媒体机构转入长尾市场和垂直领域。

※ **五是人机深度融合成为提升新闻工作者"四力"的未来常态。**

人工智能将更深入全面地介入媒体信息采集、内容生产、分发反馈等各个环节，辅助新闻工作者延伸"脚力"、提升"眼力"、增强"脑力"、创新"笔力"。人工智能应用模式将从组织层面和项目层面走向个体化、常态化，科技赋能+人文赋能成为人机融合的新基点。

※ **六是媒体专业界限更加宽泛。**

新兴媒体业态使得记者和编辑的角色边界更加宽泛，算法和用户在传播体系中的权重越来越大。专业人才和普通用户的媒介素养将深度重构，传统以文科专业为主的体系将持续调整，跨专业、复合型特征更为凸显。

※ **七是智媒体将提供更有温度的产品服务。**

媒体将能够更好地感知受众的情绪变化，推送更贴近用户心境的新闻信息产品，同时更准确地研判大众对于社会热点事件的情绪反应和舆论走向。

※ **八是音视频生产消费将迎来全方位升级。**

人工智能技术的发展将进一步提升音视频内容的生产效率、拓展创新创意的空间，基于不同场景的音视频内容消费将呈现爆发式增长，语音交互技术带来人机交互界面的重塑，帮助媒体开拓新的流量入口。

※ **九是传媒业版权保护的意识与能力将不断增强。**

人工智能等前沿技术将进一步助力解决版权保护问题，提供内容变现、盈利模式创新的智能化技术支撑，将催生传媒版权领域的新规则与新生态。

第一部分

研究报告

第一章

人工智能技术对社会发展及传媒领域的影响

人工智能是一种引发诸多领域产生颠覆性变革的前沿技术，当今的人工智能技术以机器学习，特别是深度学习为核心，在视觉、语音、自然语言等应用领域迅速发展，已经开始像水电煤一样赋能于各个行业。最新统计数据显示，2019年上半年，全球人工智能核心产业市场规模超过335.9亿美元；我国人工智能核心产业市场规模超过49.6亿美元。世界各国高度重视人工智能发展，美国白宫接连发布数个人工智能政府报告，是第一个将人工智能发展上升到国家战略层面的国家。除此以外，英国、欧盟、日本等发达国家纷纷发布人工智能相关实施规划、行动计划等，把发展人工智能作为提升国家竞争力的重大战略，着力构筑人工智能先发优势。

党的十八大以来，以习近平同志为核心的党中央把创新摆在国家发展全局的核心位置，高度重视人工智能技术发展。习近平总书记多次强调人工智能健康发展的重要性，为人工智能如何赋能新时代指明方向，先后向国际人工智能与教育大会、中国国际智能产业博览会致贺信。自2015年起，已有《中国制造2025》《"互联网+人工智能"三年行动实施方案》《新一代人工智能发展规划》《促进新一代人工智能产业发展三年行动计划（2018—2020年）》等多个国家层面以促进人工智能发展为核心的政策出台，已经取得了积极的效果，我国逐渐形成了涵盖计算芯片、开源平台、基础应用、行业应用及产品等环节较完善的人工智能产业链。

一、人工智能技术不断创新

20世纪40年代初，英国科学家阿兰·图灵提出通过算法让机器学会"思考"的计算理论，此后，科学界就开始探索创建人工智能框架的方法。人工智能技术的发展大致可分为三个阶段，第一阶段（1956—1980年）人工智能技术诞生及探索应用；第二阶段（1980—2000年）人工智能技术不断发展步入产业化；第三阶段（2000年至今）人工智能技术逐渐成熟迎来爆发。1956年美国达特茅斯会议聚集了最早的一批人工智能领域的研究者，确定了人工智能的名称与任务，被称为 AI 诞生的标志；1997年深蓝计算机战胜国际象棋冠军卡斯帕罗夫，成为 AI 历史上的里程碑事件，受到摩尔定律的影响，计算性能开始大幅提升；2006年，谷歌大脑人工智能团队首席科学家杰弗里·希尔顿（Geoffrey Hinton）在权威学术期刊《科学（Science）》上提出基于深度信念网络可使用非监督学习的训练算法，使得深度学习在学术界持续升温；2016年，英国人工智能公司 DeepMind 开发的 AlphaGo 击败前世界围棋冠军李世石，使得人工智能广泛进入普通人的视野。从目前的技术水平和应用现状看，人工智能包含着高级数据分析和大数据应用等，其中数据、算法、算力都是人工智能取得成就和突破的必备条件。

1. 现阶段人工智能技术发展特点

——深度学习技术逐渐在各领域应用。深度学习借助搭建多隐层神经网络模型，在海量训练数据集的基础上学习到隐层特征，在各类型的学习任务上取得了最优算法性能。这种在海量数据集上进行有监督学习，并提取隐层特征的方法，能实现对特征高效的端到端学习，尤其适用于大规模标注数据集。深度学习已经逐步从实验阶段进入应用阶段，在各方面取得了令人瞩目的成就，其中包括计算机视觉技术在智慧安防、人脸识别领域的应用，自然语言处理技术在机器翻译、阅读理解及客服机器人领域的应用，语音处理技术在语音识别、语音合成等领域的应用，可以预计随着深度学习技术的不断深入发展以及与各个行业应用的深入结合，会有越来越多的智能应用在各个行业落地，并取得显著的商业成果。

——基础数据集建设已经成为基本共识。早在2010年，斯坦福大学发布了一个包含2万多个类别、超过1400万张图片的图像标注数据集 ImageNet。ImageNet 数据集的发布标志着图像处理领域有了大规模的基础数据集测量基准，此数据集逐渐成为业界图形图像相关算法性能的实际衡量标准。在 ImageNet 之后，一些企业和大型研究机构逐渐认识到大规模基础数据集对提升人工智能在领域内应用效果的价值，并逐步开始建立属于自己的数据集，商汤和旷视公司构建的亿级人脸识别数据集、科大讯飞构建的大规模语音识别数据集、百度发布的多场景无人驾驶数据集等都是很好的样例。

——新型计算框架陆续成为产业界发展目标。深度学习在计算机视觉、自然语言处理、无人驾驶、语音识别等领域取得了长足的发展。然而，随着深度学习模型越来越复杂，为实现各种网络模型架构，开发人员需要耗费大量时间重复实现各类底层算法与程序库。为实现更高效的深度学习模型开发，学术界和企业界推出了多种深度学习框架，包括 TensorFlow、Caffe、Torch、MXNet 等。这些框架的功能通常包括自动符号运算、GPU 加速、模块化封装等。

2. 人工智能技术发展面临的挑战

——因果推理与模型理解有待突破。现有的深度学习模型能够通过发掘各种隐层特征，发现事件之间的关联性，建立映射关系，但是在现有的框架下，深度学习模型无法解释因果关系。简单来说，深度学习学到的是输入与输出特征间的复杂非线性关系，而非因果性的表示。深度学习是一种基于概率统计的算法，其学习到的是以概率表示的非线性连接关系，无法像人类一样进行举一反三的应用。

——基础数据积累难以满足模型训练需求。深度学习模型性能严重依赖于大规模的标注数据集，然而数据的标注过程需要耗费大量的人力与物力，大规模高质量领域标注数据的建立需要进行长期积累。首先，在一些关键领域的标注数据还存在缺失现象，例如医疗行业，由于标注过程复杂且需要领域专家的深度参与，使得大规模标注数据一直是阻碍智能算法深入应用的瓶颈。其次，现存的基础数据集质量参差不齐，高价值的领域数据基本上由少数几家巨头或政府所掌握。基础数据集的缺乏，使得深度学习模型在领域中的有效训练与落地应用面临严峻挑战。

——计算框架和通用智能芯片之间竞争激烈。现在已经有较多的深度学习计算框架，但是实际使用深度学习的场景众多，其相关应用呈现出碎片化的特点，不管从功能还是性能的角度来说，使用开源计算框架和实际需求会存在着较为明显的距离。目前，由于行业竞争及需求碎片化的原因，尚未出现既贴合产业发展要求且兼具统治位置的开源计算机框架。此外，面向深度学习的专用智能芯片尚处于起步阶段，且大多是处于专有领域的专有芯片，如面向智能驾驶领域的芯片、面向语音处理的芯片、面向人脸识别的芯片等，而能适用各种领域应用场景的通用智能芯片还需要较长时间的探索。

——人机和谐共处艰难探索。由于深度学习模型存在的"黑箱"问题，使得深度学习智能系统在应用过程中存在很多安全隐患，例如特斯拉公司推出的自动驾驶功能在使用过程中出现了多起由于技术原因导致的严重事故，甚至出现人员死伤的情况。这些事故不仅造成了人们的生命安全和财产损失，也严重打击了人们对人工智能实际应用的信心。如何保证人类与智能系统之间的和谐共处、协同合作等问题，关系着未来人工智能技术在领域中的落地应用。

3. 人工智能技术发展趋势

——算法理论不断优化。从算法理论层面来说，将继续按照深度学习模型完善以及新算法提出的两条主线发展。首先，深度学习在提升可靠性、可解释性等方面的研究以及在零样本学习（Zero-Shot learning）、无监督学习、迁移学习等方面的研究会逐渐成为未来发展方向，这是发展深度学习算法所必须经历的，也是行业发展的必要条件。

——基础数据集愈加完善。参照数据集基础来讲，现在发展的趋势是学术界与产业界共同合作构建含有语音、图像、视频等的通用数据集以及各行业的专业数据集，确保各种数据能迅速达到相关实施需求。这其中的需求来源包括多个方面，如人们对人工智能的认识不断优化升级，确保数据集的自建、清洗、规范、标注等工作在企业内部能有序完成；随着深度学习的发展，产生了大量辅助人类工作的智能化数据标注系统，提升标注的效率；政府集中引导，行业龙头协调配合，促使搭建更为专业标准的数据集，为行业领域人工智能技术的快速落地应用提供标准化训练数据集，并将逐步形成领域内检测算法性能的事实标准。

——计算平台与芯片个性化发展。针对计算平台和芯片来说，企业出于自身利益选择自主研究计算框架与平台，甚至定义领域专用智能芯片等是属于较为常见的现象。企业要对数据安全性业务进行考虑，企业内部不信任各种计算平台；企业内部数据信息和平台都有其特殊性，为了更好地促进企业内部实际发展需求，可以对计算框架平台芯片进行独立自主研究；在开源技术生态建设方面，人工智能计算框架及相关技术尚未出现一家独大的局面，各头部企业选择自建深度学习计算平台，并大力建设相应的开源生态对构建企业利益相关的商业闭环具有重要意义。

——人机协同机制真正建立。结合人机协同机制的"人在回路"设计，在未来将是智能系统发展趋势与必备能力。当前计算机智能并不是以人为中心来进行设计和构建的，而长期处于以计算机为中心的系统发展模式中。在很多场景下，甚至出现了大量违背人类使用规律的情况。针对此类情况，需要构建将人类的认知模型向计算机智能技术进行有效植入的方法，确保其在推理决策方面能够符合人类世界认知水平。随着通用领域知识库（WikiData、DBPedia、FreeBase 等）与领域相关的专用知识库（如医疗领域知识库、地理信息领域知识库）的建立，将人类基础认知知识与人工智能技术相结合日趋成为学术界、产业界相互配合追求的目标，且能在预期时间段内取得良好的成果。

二、人工智能技术广泛应用

人工智能已经成为新一轮科技革命和产业变革的核心驱动力，正在对世界经济、社会进步和人类生产生活产生极其深刻的影响。当前，从世界范围看，随着人工智能理论和技术的不断完善，人工智能技术正在由学术推动的实验室阶段，转向由学术界和产业界共同推动的产业化阶段。人工智能是人的延伸，在有的领域能替代人类进行生产工作，有的领域能辅助人类提高脑力体力。人工智能技术的产业化应用也紧密围绕人类的生产生活需要展开，覆盖范围领域也在逐渐向多方向发展，包括医疗、教育、交通、安全、金融、家居等多方面、多领域。

1. 人工智能有效赋能医疗产业

近年来，随着医疗健康领域数字化、数据化的不断完善，人工智能技术得以在医疗领域深度应用。目前，人工智能已经在疾病风险预测、医疗影像、辅助诊疗、虚拟助手、健康管理、医药研发、医院管理、医保控费等各个环节应用并取得了一定的成效。美国、英国、日本等发达国家已经制定了相关支持政策并从国家层面规划实施，大规模地发展智慧医疗。在我国，2016年以来，国务院及相关部委相继印发《关于促进和规范健康医疗大数据应用发展的指导意见》《新一代人工智能发展规划》《"十三五"卫生与健康科技创新专项规划》《关于促进"互联网+医疗健康"发展的意见》等文件规范和引导人工智能技术在医疗领域应用，新版《医疗器械分类目录》中也增加了人工智能医疗产品。

目前，几乎国内外所有的头部科技公司都在"人工智能+医疗"领域进行不断探索，以统一标准、开放平台等措施推动人工智能深度赋能医疗。

微软、亚马逊、谷歌、IBM、甲骨文等联合开放技术标准，推动人工智能技术以更低的成本在医疗领域取得更好的效果；百度、阿里巴巴、腾讯等中国的互联网科技企业也充分发挥自身平台的特点与优势布局智慧医疗，如"腾讯觅影"凭借"AI 医学影像"和"AI 辅助诊断"入选了科技部首批国家人工智能开放创新平台。

从人工智能在医疗领域的具体应用看，人工智能技术在患者诊断、新药研发、手术护理等场景中被广泛应用。例如，利用人工智能技术扫描医疗影像可以帮助医生更快速、更精确地获取信息，提高诊断效率；人工智能技术与大数据分析结合有效降低药物开发成本，美国生物科技公司 BergHealth 已经借助 AI 成功找到了癌症代谢的关键作用分子；医学 AI 机器人已被越来越多的医院、家庭所接受，开始应用于一些手术当中，一定程度上避免了因为医生高度紧张而出现的医疗事故，提高了手术的精准度等。

2. 人工智能推进教育教学创新

人工智能、大数据等技术的迅猛发展为传统教育提供了改革突破口，教育智能化成为教育领域发展的方向。人工智能正在逐渐改变传统的教育教学模式、教学方式和学习方法、学校的组织管理模式和评价机制等，为教育理念与教育生态带来深刻变革。

全球主要发达国家均加速推进教育教学创新，积极探索教育新模式、开发教育新产品，通过加强人工智能和教育的深度融合实现包容和公平的高质量教育、面向所有人的终身学习的教育。人工智能正在不断推进教育领域的创新发展，在个性化学习、个性化教学、虚拟（导师）辅导、教育机器人、基于虚拟现实和增强现实的场景式教育、基于编程和科技的人工智能人才培养等方面都已经有了广泛的应用并取得了不错的效果。

国外的一些科技公司在推动教育智能化发展方面已经取得了一些成果

和经验,如澳大利亚的 Smart Sparrow 公司推出的"自适应教育平台"能够跟踪每一位学生的学习进度、发现学习瓶颈与困难并反馈给教师;英国的 Whizz Education 公司推出的在线辅导教学产品"Maths Whizz"借助人工智能技术研发了虚拟老师,可以自动回答学生的问题并根据学生的反馈调整解答方式,直到学生完全掌握;爱尔兰 Immersive VR Education 公司专注于虚拟现实与教育的结合,其设计的"阿波罗 11 号 VR"可以让学生真正沉浸在太空教育场景之中。国内如百度、网易等互联网头部公司也在积极布局"人工智能+教育",未来将带动教育产业实现颠覆性变革。

3. 人工智能提升城市管理水平

当前,人工智能等技术发展的进程不断加快,并且已经从"管理"个人上升到助力"管理"城市。智慧城市是以物联网、云计算、人工智能技术等为基础的智能化城市形态。智慧城市的建设,是一项民生工程,最终目标是惠民利民,让全体市民共享高效便捷的公共服务和智能优质的城市生活。人工智能的加持,对城市服务水平的提升,以及城市各项功能、措施的完善起到了积极的推动作用。

随着城市化进程的不断加快,各种交通问题凸显。目前,人工智能在交通管理方面的应用主要有实时分析城市交通流量、智能分析公众资源数据、智能实时检测违法车辆等。例如,人工智能驱动的智能交通信号系统能够根据实时交通状况决定交通灯信号,优化城市道路网络中交通流量;人工智能算法能够根据城市居民的出行生活偏好数据为城市规划,尤其为公共交通基础建设提供指导;通过整合图像处理、模式识别等技术实现对城市全部交通网络的实时监控,提高交通执法效率等。

除了交通领域外,人工智能也应用于大气污染、水污染、垃圾污染等的城市问题治理中。借助人工智能技术建设智慧城市,能够有效改善人们的生活方式,创造美好生活和环境,推动城市的发展与创新。各国政府都在积极探索通过人工智能等技术的应用，推进政府职能转换升级，提升监管能力和公共服务水平，进一步发挥信息技术对经济调节、市场监管、公共服务的作用，达到提高政府管理效率、降低综合成本的目标。

4. 人工智能助力保障公共安全

人工智能已应用在社会治安、反暴反恐、灾害预警、灾后搜救、食品安全等公共服务领域，通过人工智能可准确地感知和预测社会安全运行的重大态势，提高公共服务精准化水平，保障人民生命财产安全。从应用的深度和广度来看，全球人工智能在公共服务领域还处在探索期。

相对来说，在社会治安领域的人工智能应用较早且具有较大需求。目前，人工智能已广泛应用于警方侦查过程，为警方破案提供重要线索。依托安防行业的基础，犯罪侦查成为人工智能在公共安全领域最先落地的场景。基于计算机视觉技术在公共场所安防布控，可以及时发现异常情况，为公安、检察等司法机关的刑侦破案、治安管理等行为提供强力支撑。美国多地警方部署人工智能警务风险评估软件，将犯罪控制在萌芽状态。智能软件根据保存的犯罪数据预测哪些犯罪高发区域可能会出现新问题等。人工智能系统可以根据全市治安摄像头的大数据实时分析辖区内的治安状况，一旦发现某处出现人员长时间聚集或打架斗殴事件，系统可以第一时间预警，并自动调配警力前往事发地点。另外，美国建立的禁飞系统能预测恐怖袭击的可能性，大数据系统每天都会传输犯罪预测数据到执勤警员的电子设备中，有效保障城市安全。

此外，在灾后救援领域，人工智能在高效处置灾情、避免人员伤亡方面发挥关键作用。不管是自然灾害之后的搜救，还是日常救援行动，随着人工智能融合，可快速处理灾区航拍影像，并借此实时向救援人员提供重要的评估与规划性指导，不仅保障自然环境、群众生命财产安全，同时能够最大限度地减少救援人员的牺牲。例如，日本总务省消防厅推进开发的

"机器人消防队"由空中拍摄现场情况的小型无人机、收集地面信息的侦察机器人、可自动行走的水枪机器人等组成；美国国家航空航天局（NASA）推出的人工智能系统Audrey，通过消防员身上所穿戴的传感器，获取现场关键信息进行分析，最大程度上保护消防人员安全。

5. 人工智能深度优化金融服务

借助人工智能技术，能够有效提升金融机构的服务效率，实现金融服务的智能化、个性化和定制化。目前，人工智能已被广泛应用到银行、投资、信贷、保险和监管等多个金融业务场景，传统金融机构、大型互联网公司和人工智能公司纷纷布局金融业务方面，智慧银行、智能投顾、智能投研、智能信贷、智能保险和智能监管等是主要应用，分别作用于银行运营、投资理财、信贷、保险和监管等业务场景，但整体来看人工智能在金融领域的应用尚不成熟。

人工智能应用于金融科技并不是简单地取代金融从业者的工作，而是通过人工智能核心技术作为主要驱动力，为金融行业的各参与主体、各业务环节赋能，实现产品创新、流程再造、服务升级。从国内外的实践来看，人工智能推动了金融服务数据化、智能化和普惠化，几乎所有的金融机构都开始尝试人工智能技术来降本增效，典型场景包括智慧银行、智能网点、智能营销、智能客服、智能风控、智能安防、智能巡检、智能支付、智能监管、智能投资顾问等。

目前，应用在金融领域的人工智能相关技术主要包括机器学习、生物识别、自然语言处理、语音识别和知识图谱等技术。应用场景还处于初级阶段，大部分是人机结合式的，人工智能技术对金融业务主要起辅助性作用。不过，人工智能技术在金融业务场景中具有很强的创新潜力，我国的互联网头部公司如阿里巴巴、腾讯、京东等几乎全部搭建了智能金融平台。从长远来看，一方面，金融机构应用人工智能技术提升合规效率和降低合规成本；另一方面，金融监管机构应用人工智能技术提升监管能力和监管效率。

6. 人工智能创新打造智慧家庭

随着人工智能、物联网等新兴技术的不断发展，以及人们对于生活质量更高的要求，智慧家庭的概念应运而生。智慧家庭就是利用相关技术让各种家居设施为人们提供智能服务的居住环境，这些技术包括互联网、物联网、无线网、人工智能、大数据和云计算等，据此建立一个安全舒适、高效智能的家庭网络和服务系统。人工智能在家居领域的应用场景主要包括智能家电、家庭安防监控、智能家居控制中心等，通过将生物特征识别、自动语音识别、图像识别等人工智能技术应用到传统家居产品中，实现家居产品智能化升级，全面打造智慧家庭。

智慧家庭的理念最先出现在国外，如美国 Verizon 推出的 Digital Life 提供家庭监控、云平台的移动医疗服务；德国电信引入了 Qivicon 平台，提供相对完善的智能家居服务；日本的 NTT 推出 Home ICT 计划，着力于创建安全家庭生活等。近年来，国内也有越来越多的公司开始布局智慧家庭，包括传统家电厂商、电信运营商、地产公司和互联网公司等，其中互联网科技公司的研发应用相对广泛，如科大讯飞与中兴微电子研发的智慧家庭语音识别系统、阿里巴巴与美的集团建立的开放式智能家居操作系统等。

智能家居产品已发展相对成熟，未来的市场发展空间较大。在智能家电终端产品方面，通过图像识别、自动语音识别等人工智能技术实现冰箱、空调、电视等家用电器产品功能的智能升级，促进家用电器控制智能化、功能多元化，提升家用电器的使用体验，如澳柯玛与京东联合研发推出的智慧大屏互联冰箱、长虹推出的 Alpha 人工智能语音空调等；在家庭安防监控方面，基于图像识别、生物特征识别、人工智能传感器等技术实现家庭外部环境监测、家庭门锁控制、家庭内部环境探测等功能，如 LifeSmart 与英特尔合作打造的人脸识别可视门锁、斑点猫的智能猫眼产品等。

三、人工智能赋能传媒发展

1. 国内外传媒业人工智能发展概述

互联网正在从社交网络发展为智能网络，未来的互联网不再仅仅是信息与人构成的网络，而是涵盖信息、人、产品、服务的万物互联的智能网络。只有把虚拟现实、增强现实、算法推荐、机器新闻、新闻游戏、大数据等前沿技术置于人工智能及智能网络的背景下，才能更深刻地认识和理解这些前沿技术对新闻媒体的影响，帮助新闻媒体更有效地把握和运用这些技术。从这个层面看，与其说人工智能技术是以上技术的聚合体，不如将人工智能技术视为下一代新闻媒体的生态环境，人工智能技术不仅会改变媒介产业价值链上的各个环节，还会重塑新闻生产的整个业务流程，人工智能技术在与新闻媒体结合的过程中具有广泛的应用领域和想象空间。

近年来，世界范围内主流媒体纷纷在人工智能领域进行了诸多有益探索，一些研究成果也已经在新闻生产制作的各个环节投入应用。从写作机器人到智能新闻采编系统，从 AI 虚拟主播到生物传感器新闻，人工智能技术及其发展理念已经渗透在新闻传媒业的各个方面，甚至主导着未来媒介市场的竞争格局。当前，美联社、路透社、纽约时报等世界强势主流媒体普遍将"采编流程智能化"作为新闻主业与人工智能技术结合的重要切口和聚焦点。

从国外强势主流媒体的人工智能发展态势看，对于采集端的智能化探索成为最为突出的重点领域，相关智能系统或产品的研发也最多，这其中也蕴含着从大数据（Big Data）到深度数据（Deep Data）的理念发展。相较于西方强势主流媒体的智能化方案，国内各大主流媒体、新兴媒体也纷纷进行了有益探索。从移动互联网到人工智能，国内传统主流媒体往何处走、何处去，"人工智能+媒体"被普遍认为是弯道超车、变线超车的最后的时间窗口。面对人工智能即将带来的颠覆性变化，互联网变局和重组的可能性正在孕育，这既是机遇，也是挑战。在这种背景下，国内各主流媒体纷纷从多个角度、多个领域开展人工智能的实践尝试，其中很多产品在进行重大主题报道时都发挥了重要的作用。

习近平总书记指出，"要探索将人工智能运用在新闻采集、生产、分发、接收、反馈中，全面提高舆论引导能力"。中宣部、广电总局等六部委印发了《关于促进文化和科技深度融合的指导意见》的通知，对新闻单位媒体深度融合方向作出了指导。按照习近平总书记要求和国家战略部署，新闻传媒业与人工智能的结合使得更有价值的新闻传播资源被释放出来，人工智能不仅重塑新闻生产的整个流程，还将改变传媒业态。从西方强势媒体的发展态势看，人工智能在媒体行业的落地更多集中于产品级、工具级，更复杂、更全面的架构乃至以大数据和人工智能为核心的技术生态体系尚处于探索阶段，未来人工智能在传媒业的应用还有更广阔的探索空间，我国的国家级主流媒体应当充分利用资源优势真正从体系化、制度化层面探索改革，逐步构建真正智能化的新闻传播生态链。

2. 人工智能在内容生产与加工领域的应用

传统的新闻生产和加工模式主要以职业媒体人为主体，通过媒体人实地采访、辅助电话网络等方式获取新闻线索，再进行新闻内容生成和产品加工。随着"万物皆媒"趋势在媒体领域的逐渐深入，以物联网为载体、人工智能技术为支撑的新闻生产和加工模式逐渐替代传统的单一模式，合理利用大数据背景下的海量信息内容，使得新闻内容生产和加工模式呈现出精准化、智能化和多元化的新特点。人工智能技术在媒体内容的生产和加工领域的应用主要体现在以下方面：

——全媒体信息采编系统。全媒体时代，媒体资源的形式日益多样，但各种资源存储相对分散，难以共享、互通，稿件传输渠道过多且分散，缺乏有效的统一管理，这些都是严重制约媒体融合发展亟待迫切解决的问题。全媒体信息采编系统综合运用人工智能、大数据、云计算等前沿科技，能够实现对所有媒体资源的高度整合、集中管理以及统一调度分发，突破了以往时间、空间、设备等对媒体信息采编的约束，形成了全天候、实时高效的信息采编体系。全媒体信息采编系统融合了音视频处理、语音识别和人脸识别等的人工智能技术，通过收集普通群众、新闻记者、智能机器人、传感器等上传的图片、文字和音频三个维度的信息，使得新闻编辑人员能够快速获取新闻线索，减少了新闻信息采集、整理、传递过程中耗费的时间和人力资源，极大地提升了采编效率。第一代的全媒体信息采编系统强调"大而全"，借助计算机技术完成相对全面的信息搜集和整理，而新一代的系统强调"全而深"，不仅要搜集到全面的数据，更需要"消化"分析数据、"挖掘内幕"、产生高附加价值的内容，实现真正"智能化"的突破。

——新闻写作机器人。新闻写作机器人已经是传媒业较为成熟的智能化应用，主要依赖于人工智能处理、数据挖掘和分析，以及高质量的新闻媒体数据库，更多应用于体育赛事报道、财经证券报道、气象气候报道等"格式化"的新闻播报。这类新闻内容单调简单，没有涉及深层次的分析评论，注重新闻的时效性和准确性，报道风格不追求个性化，能够根据新闻媒体数据库设计新闻模板将新闻内容嵌入其中，快速智能填充生成新闻报道。然而机器人填充式写作并不适用于逻辑性复杂和叙事性强的社会、政治、经济、文化报道等，人工智能如何在该类型新闻媒体领域融合仍然是研究难点。

——新闻现场全景式报道。VR（虚拟现实）和AR（增强现实）技术与新媒体的不断融合，使得整个新闻内容生产模式发生了重大转变，一种同时结合时间维度和空间维度对新闻事件进行播报的新闻现场全景式报道应运而生。这种全新视觉的播报方式打破了传统媒体以文字、图片、视频为主的二维平面新闻生产模式，呈现出全方位、多视角、立体化的全景式新闻生产模式，新闻生产模式由静态过渡到动态。用户在沉浸式体验全景式新闻报道的同时，由新闻事件的旁观者角色逐渐向新闻事件的体验者角色转变，人工智能VR和AR技术的引入使得用户的参与感更强，用户可以根据自己个人偏好选择新闻观察角度，形成个性化的报道感受和体验。

3. 人工智能在内容分发与传播领域的应用

推荐系统根据推荐算法的不同可以分为基于内容（Content-based）的推荐系统、协同过滤（Collaborative filtering）推荐系统以及混合型（Hybrid）推荐系统三大类，值得注意的是在现今的个性化推荐系统技术之中，又出现了基于知识的推荐算法。基于知识的推荐系统在某种程度上可以看作是一种推理技术，它能很好地利用用户需求信息推理出用户可能会喜欢的物品。基于知识的推荐系统优点是：相比于其他推荐技术，具有更好的解释性（Explainability），它能够挖掘一些额外的知识来产生推荐等，但在当今网络中的现实应用非常之少。

——基于内容的推荐系统。基于内容的推荐方法的理论依据主要来自于信息检索和信息过滤，所谓的基于内容的推荐方法就是根据用户过去的浏览记录来向用户推荐用户没有接触过的推荐项。内容过滤主要采用自然语言处理、人工智能、概率统计和机器学习等方法进行过滤。基于内容的推荐方法可以分成两类：启发式的方法和基于模型的方法。启发式的方法就是用户凭借经验来定义相关的计算公式，然后再根据公式的计算结果和实际的结果进行验证，然后再不断修改公式以达到最终目的。而基于模型的方法就是将以往的数据作为数据集，然后根据这个数据集来学习出一个模型。

基于内容过滤的系统其优点是简单、有效，通过使用用户和项目的描述文件，可以较好地解决冷启动问题；由于不需要用户的评分数据，因此可以不受评分数据稀疏性的约束；通过列出推荐项目的内容特征，可以解释推荐的原因，非常直观。其缺点是特征提取的能力有限，过分细化，纯基于内容的推荐系统不能为客户发现新的感兴趣的资源，只能发现和客户已有兴趣相似的资源。这种方法通常被限制在容易分析内容的商品的推荐，而对于一些较难提取出内容的商品，如音乐电影等就不能产生满意的推荐效果；无法找出与过去经历有所不同且具有意义的推荐，这是由于单纯对项目做处理，用户只能接收到与过去经历相类似的推荐项目，这样便失去了许多潜在推荐的可能性；对于内容品质、设计风格或使用者观点等等，基于内容的推荐系统由于是针对内容，所以无法处理。如果遇到同名的两样物品若是有两种不同本质的情况时，基于内容的推荐技术并没有有效的分别方法。

——协同过滤推荐系统。协同过滤技术是推荐系统中应用最早和最成功的技术之一，协同过滤方法不需要事先获得用户和项目的特征，它们只依赖于用户过去的行为（购买、评分、浏览、页面驻留时间等），以评分的形式收集用户对物品的反馈，接着计算用户之间的相似度，然后利用与目标用户相似度较高的邻居对其他产品的评价，来预测目标用户对特定项目的喜好程度，最后系统根据这一喜好程度对目标用户进行推荐。

以使用者的角度来推荐的协同过滤系统有下列优点：能够过滤机器难以自动内容分析的资讯，如艺术品、音乐等；共用其他人的经验，避免了内容分析的不完全或不精确，并且能够基于一些复杂的、难以表述的概念（如个人品味等）进行过滤；有推荐新资讯的能力，可以发现内容上完全不相似的资讯，使用者对推荐资讯的内容事先是预料不到的，可以找到使用者潜在的兴趣偏好；推荐个性化、自动化程度高，能够有效地利用其他相似使用者的反馈，加快个性化学习的速度等。与传统文本过滤相比，协同过滤有下列优点：能够过滤难以进行机器自动基于内容分析的信息，能够基于一些复杂的、难以表达的概念（如信息质量等）进行过滤，推荐的新颖性等。协同过滤系统在商业领域被广泛应用，大多数电子商务网站都采用了协同过滤技术来提高服务质量。

虽然协同过滤作为一种推荐机制有其相当的应用，但协同过滤仍有冷启动、稀疏性、系统扩展性、推荐实时性等问题需要解决。

——混合型推荐系统。混合型（Hybrid）的推荐系统吸收了基于内容的推荐系统和协同过滤的推荐系统的优点，并改进了它们各自的缺点。

关于如何组合这两种推荐方法，理论上存在多种方法，但不同的组合思路适用于不同的实际应用场景。组合思路大致可以分为三类：后融合、中融合和前融合。后融合是指融合两种或两种以上的推荐算法各自产生的推荐结果，如使用基于内容的推荐算法和协同过滤推荐算法分别得到各自的推荐列表，融合列表的结果决定最后所推荐的物品。中融合是指以一种推荐算法为框架，融合另一种推荐算法，如以基于内容的推荐算法为框架，融合协同过滤的算法；或者以协同过滤算法为框架，融合基于内容的推荐算法。前融合则是直接融合各种推荐算法，如将基于内容和协同过滤的算法整合到一个统一的框架模型下，再生成推荐列表。

随着网络环境的越来越复杂，仅仅简单地使用基于内容的推荐系统和协同过滤的推荐系统越来越难以满足真实环境中的用户需求。在现实生活中，用户的需求往往多种多样，为了满足这种需求，现在各个大型网站也都开始构建混合型的推荐系统，如亚马逊网络商店部署的推荐系统不仅有简单的协同过滤技术，还包含了多种个性化推荐服务及热门商品推荐等服务。

4. 人工智能在内容交互与体验领域的应用

多媒体技术的快速发展使得传统的传媒业务日新月异，同时，新形式的内容交互与体验技术逐渐被应用到各大领域,悄无声息地改变着城市的信息化生活。其中,内容交互与体验相关的应用主要有如下三个方面:

——自动播报。基于人工智能技术的自动播报并非是简单的将媒体文字转换为语音的形式,它旨在制造一个基于算法的模型,用于识别文字中需要转化成广播格式的元素。目前,自动播报功能在人工智能技术的催化下开始发展起来。西方主流媒体如美联社等利用人工智能技术进行智能播报,将篇幅短、语言简洁、数据翔实的新闻文字自动转换为广播版本,让文字到广播的自动化转化达到不需要人工编辑和审校即可发布的水准。目前,基于人工智能技术的自动播报已在传媒应用中拥有相当可观的发展成效,如通讯领域、教育领域等都有它的身影。未来,自动播报技术也将涉足于医学、城市建设等更多领域。同时,与自动播报技术相关的重要算法模型也必将吸引更多的科研人士前来研究,共同促进这项技术的发展。

——手语合成。手语合成技术给需要进行手语学习的人群带来了很多便利,其通过对用户的语音进行智能化识别,以手语视频的形式将识别结果展示在屏幕上,该技术为需要学习使用手语的用户或者想与聋哑人进行交流的用户带来了大大的便捷。手语合成技术的实现离不开语音识别模块、文字分词模块、视频合成模块、视频录制模块的支持。其中,语音识别与视频合成模块与人工智能技术息息相关。手语合成方式主要有基于虚拟人和视频拼接的方式。基于虚拟人技术的手语合成是丰富智能人机接口的需要,通过大型计算机处理从而实现数字化虚拟人体;基于视频拼接的手语合成使用由真人演示的手语视频,在视频片段间寻找最佳拼接点,并插入过渡帧,从而实现手语动画的合成。尽管手语合成技术的出现使得聋哑人与健听人之间的对话已经成为可能,但"听懂手语,看懂声音"的完全实现还须解决大量技术难点,包括手语多模态表达的复杂性、多维手语运动数据识别、手语运动数据的重定向、手语运动数据获取不完整及大词汇量和非特定人的识别等。未来,手语合成技术的研究将致力于为用户提供更高稳定性、新颖和更加人性化的服务。

——有声合成播报。有声合成播报可将用户输入的文字转换成自然的语音输出，并且可以支持音量、音调及语速等功能的设置，打破了传统文字式人机交互的方式，让人机沟通变得更加自然。目前，语音合成技术不断向前发展，同时，参数合成、拼接合成两条主要的技术路线都取得了长足进展，它们相互竞争、相互促进，从而使得合成语音的质量有了大幅度提升，使得语音合成技术在众多场景中也得以应用。随着人工智能技术的发展，语音交互将更加火热，特别是深度学习技术对合成技术的巨大影响，必将使得语音合成技术在语音导航、信息播报、阅读教育、泛娱乐等众多领域拥有更广阔的应用前景。

5. 人工智能在内容审核与知识产权监测领域的应用

近年来，自媒体平台在移动互联网技术的加持下日益成为了新闻生成和发布的新型互联网渠道并深受年轻人的喜爱。但是其上的有害内容识别、监控和过滤工作长期依赖于人力资源，造成了严重的滞后和遗漏。虚假消息往往已经造成严重的社会影响之后，才会被发现和控制。利用人工智能技术，可以对海量信息实现毫米级别的监控识别，极大地提升了有害内容的识别率，并可以根据预定的处理方案，有效地过滤和替代相关信息的传播。此外，人工智能技术还可以被用来检测版权、内容抄袭及侵权问题等，保护新闻媒体工作者的权益。

——有害信息识别。有害信息种类繁多，包含政治敏感信息、涉恐涉暴信息、色情信息、歪曲事实信息等，并且常常以多种形态展现（图像、视频、音频、文字或者它们的结合）。因此，有害信息识别是一个典型的异构大数据智能应用，极具挑战。传统的解决方案主要有三种：一是纯人工审核，靠人眼鉴别该图片或视频是否违规，费时费力；二是建立违规图片、视频的MD5数据库，避免有害内容的重复分享，但是对于内容稍作变化的变种则无能为力；三是传统的智能审核，通过图像、视频的颜色内容建模，对图像进行切割和分类，准确率不高。最新的人工智能方法则是分别建立面向视频、音频、文本的不同识别模型，通过大量内容的训练，模型自动抓取出有害信息的特征，并根据上下文环境，能够自适应地判别和监测。

——新闻版权检测。近年来，新闻内容除了人为进行的抄袭和侵权问题，人工智能内容自动产生所造成的侵权问题也越发严重，这给新闻媒体工作者造成了极大的困扰和损失。人工智能训练中使用他人作品、人工智能创作中不合理"借鉴"他人作品或其他人工智能创作物、自然人抄袭人工智能创作物等行为层出不穷。此外，有关人工智能编创过程中的著作权问题也浮现出来，如人工智能产生的图片、文字是否构成著作权法保护的"作品"，这些"作品"所创造的商业价值及其可能的侵权责任归属问题等。包括我国在内的很多国家致力于在现有著作权法体系框架内，通过完善法律解释，将人工智能生成物纳入著作权客体保护范围，明确其归属，并通过已有的著作权法制度来纠正人工智能技术在编创过程中可能出现的新问题。

媒体人工智能应用现状

智能时代：媒体重塑
THE UPGRADING OF MEDIA IN THE AI ERA

近几年，国内媒体融合深入推进，传统媒体正在发生嬗变，大量新闻信息内容不仅通过报刊、广播、电视等载体传播，还向网站、"两微一端"等新的传播渠道拓展。随着算法推荐、语音交互、计算机视觉等技术的不断发展，国内新型主流媒体建设提速，国外媒体对人工智能的探索运用也如火如荼。传媒业希望借助人工智能技术高效地进行内容的生产、分发、管理，打造媒体与用户之间互联互动的新生态，助力转型升级与融合发展，相关的战略制定、人才培养、技术研发蓄力已久。

一、国内外媒体布局智能化战略

国内外媒体瞄准智能化创新，纷纷制定相关战略、组建专门机构、配置智能装备，媒体研发运用人工智能技术已经成为潮流。

1. 国内媒体智能创新发展呈现良好态势

人民日报、新华社、中央广播电视总台以及多家地方媒体积极迎接智能时代到来，通过整合各方资源，创新体制机制，释放新闻生产力，智能化新技术、新产品不断涌现。2019年9月，人民日报智慧媒体研究院宣告成立，体现主流算法的人民日报客户端7.0版、短视频客户端"人民日报+"、人工智能媒体实验室、全媒体智慧云和融媒体创新产品研发与孵化项目正式亮相。2018年1月，新华社提出建设世界首个智能化编辑部，启动了通讯社智能化建设的"衣领子"工程，2019年全国两会报道中新华社带着AI合成女主播、首场5G手机全链条直播、媒体大脑读报告、直播眼镜、MR全息报道等多个智能应用亮相。2019年12月12日，新华社智能化编辑部正式建成并投入使用，开启了一场新闻生产与传播的智慧革命。中央广播电视总台持续探索媒体智能化应用，以大数据、人工智能技术为5G新媒体平台建设和业务生产赋能，形成"5G+4K/8K+AI"的战略布局，努力打造自主可控、具有强大影响力的国家级新媒体平台。

表 1　三大央媒研发应用人工智能技术成果举措

媒体名称	主要成果举措
人民日报	人民号、党媒算法、创作大脑等
新华社	AI 合成主播、媒体大脑、智能化编辑部等
中央广播电视总台	"5G+4K/8K+AI" 战略、"央视频" 新媒体平台、央视网 "人工智能编辑部" 等

2018 年第四季度开始，上海报业集团汇集了各方力量，围绕"新技术、新产品、新运营"主题，进行了技术创新专题大调研，梳理出 8 类引领媒体变革的创新技术，把 8 类技术作为行元素，把新闻传播的采集、生产、分发、接收和反馈等 5 大流程作为列元素，从中衍生出 20 个智媒体单元，在此基础上构建全媒体时代的"智媒体矩阵"。四川日报报业集团封面传媒 2019 年的战略布局，充分把握 5G、人工智能、区块链大发展的时代背景，规划打造融合了智能 + 智慧 + 智库的"智媒体"，着力推进实施视频驱动、数据驱动、社群营销三大战略。

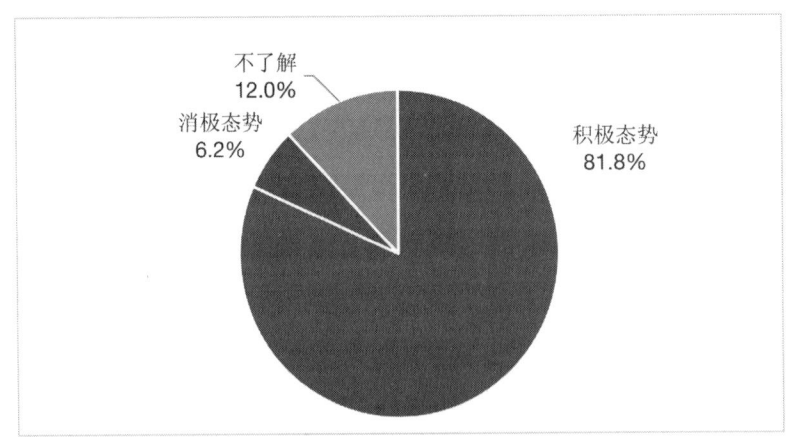

图 1　国内传媒业的人工智能应用态势

课题组开展的主题调查结果，也印证了国内媒体智能创新发展的良好态势。超八成（81.8%）受访者认为国内传媒业的人工智能应用呈现"积极态势"，6.2%认为呈"消极态势"，另有12.0%表示"不了解"。

不过，问卷调查也显示，国内传媒业在智能技术的应用程度和效果方面，仍有提升空间。超四成（42.9%）受访者认为目前国内传媒业对人工智能相关技术的应用程度一般，认为"比较不充分"（18.0%）和"不充分"（9.7%）的比例合计为27.7%，认为"非常充分"（9.8%）和"比较充分"（14.6%）的比例合计达24.4%。传媒业应用人工智能的程度还有待技术进一步的发展、探索进一步的深化。

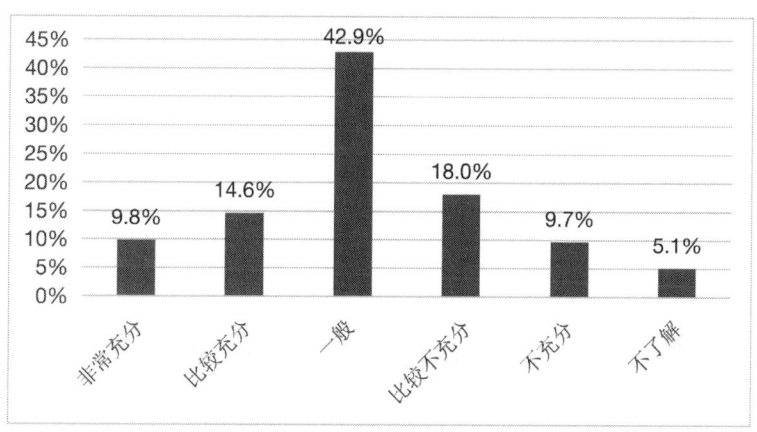

图2 国内传媒业对人工智能相关技术的应用程度

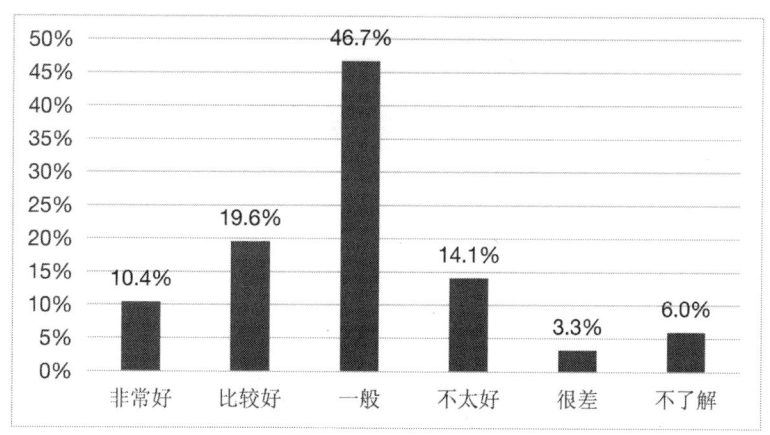

图3 国内传媒业对人工智能相关技术的应用效果

与应用程度直接相关的，近半数（46.7%）受访者认为国内传媒业对人工智能相关技术的应用效果一般，认为应用效果"非常好"（10.4%）和"比较好"（19.6%）的比例合计达30%，认为应用效果"不太好"（14.1%）和"很差"（3.3%）的比例合计达17.4%。传媒从业者对人工智能技术的应用效果有进一步提升的期待。

同时，受访者普遍认为新的媒体业态、新媒体机构对于人工智能技术的应用效果好于传统媒体。应用对五级量表赋值打分的方式，研究者将受访者对各类媒体应用人工智能技术的效果评估进行了对比。受访者认为新的媒体业态（如今日头条、抖音、快手等基于算法的信息平台）（3.7分）以及新媒体（如新闻客户端、微信公众号、微博、门户网站等）（3.2分）应用人工智能的效果，优于国内传媒业总体的应用效果（3.0分）。而传统媒体（报纸、广电）（2.7分）的应用效果低于国内传媒业总体，效果有待提升。

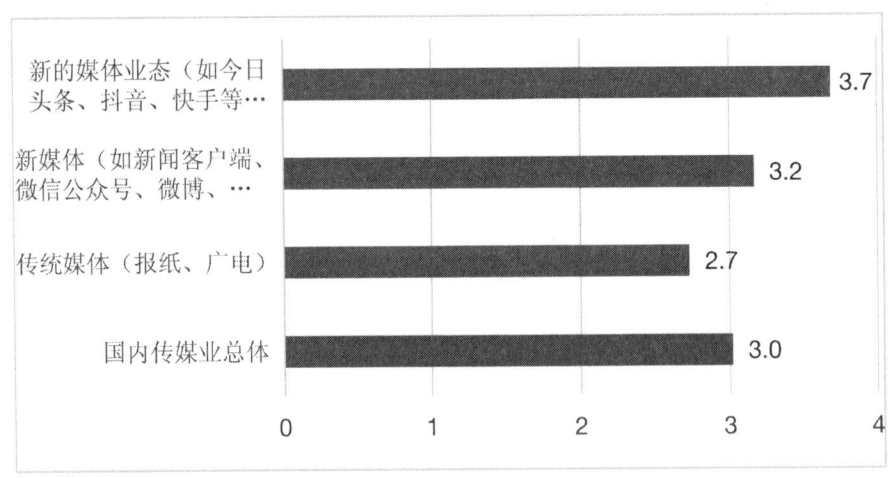

图4 国内传媒业对人工智能相关技术的应用效果对比

2. 国外媒体智能化探索早且持续推进

西方主流媒体研发应用人工智能技术的探索早且持续推进，使传媒业不断获得新工具、新能力。2013年夏，美联社新闻部门负责人提出一项大胆建议，与人工智能领域的新兴初创企业合作，自动制作某些新闻内容。几个月后，美联社与自动洞察公司（Automated Insights）达成协议，借助该公司的自然语言生成平台"语言大师"（Wordsmith），首次开始使用人工智能制作新闻内容。可以说，美联社是最早把一些工作交付给机器人的新闻机构之一，目前它在应用智能技术简化工作流程、完成繁重工作、处理更多数据、挖掘洞察力等方面取得很大成功。纽约时报有一个研发团队（Research & Development group），他们的任务是，展望下一个产品周期，确定未来三到五年将出现的趋势和技术；开发应用程序和原型，设想这些变化将产生的影响，以促进创新和对媒体未来的深入思考。人工智能领域是该研发团队的关注点之一，人工智能试验项目"编辑"（Editor，该项目致力于简化新闻创作的过程）就是该团队的创新成果。汤森路透近几年将人工智能技术作为重点关注的领域之一，其发展战略是，处于技术研发的最前沿，通过与智能应用程序交互，改变专业人员访问和使用信息的方式。汤森路透实验室（Thomson Reuters Labs）就是汤森路透专门从事人工智能等前沿技术研发的机构。该实验室是一个由数据科学家、研究科学家、全栈开发人员和设计师组成的全球团队，专注于数据科学与分析、数据可视化、人工智能和区块链。为进一步加强在人工智能领域的研发力量，汤森路透新成立了一个人工智能与认知计算中心（Center for AI and Cognitive Computing），旨在开发下一代智能应用程序的技术和设计原则，目标是简化和改变知识工作的完成方式。这一由科学家、工程师和设计师组成的团队致力于智能应用的研发，包括应用和扩展自然语言处理、机器学习、深度学习、信息检索、知识表示和推理、数据挖掘、文本分析和人机交互的最新技术。中心还与IBM沃森（Watson）等行业领导者合作，以利用和整合其技术，为汤森路透在人工智能时代保持领先地位打下坚实基础。

二、媒体从业人员培育智能化理念

国内外媒体对于人工智能人才的需求量很大。在破解智能人才困境的过程中，不少媒体一方面完善人才引进和培养规划，提升媒体从业人员的大数据和人工智能技能和素养，补齐人才短板；另一方面着力优化原有人才结构，逐步形成与智能化媒体业务形态相适应的人才布局。

1. 国内媒体从业者破除智能技术"恐慌"

新华社等国内媒体注重引进掌握坚实的传播理论基础，既懂媒体传播规律又懂大数据、人工智能的复合型人才。同时，越来越多的媒体从业者，破除对于新技术的"恐慌"，逐渐在智媒时代行业巨变中找准自身定位，努力学习无处不在的"共享"和"开源"知识，加快知识和技能体系更新，使专业素养和工作能力跟上智能时代的节拍。

课题组开展的主题调查显示，受访的媒体从业者普遍认为人工智能技术对编辑、记者工作的影响程度大。

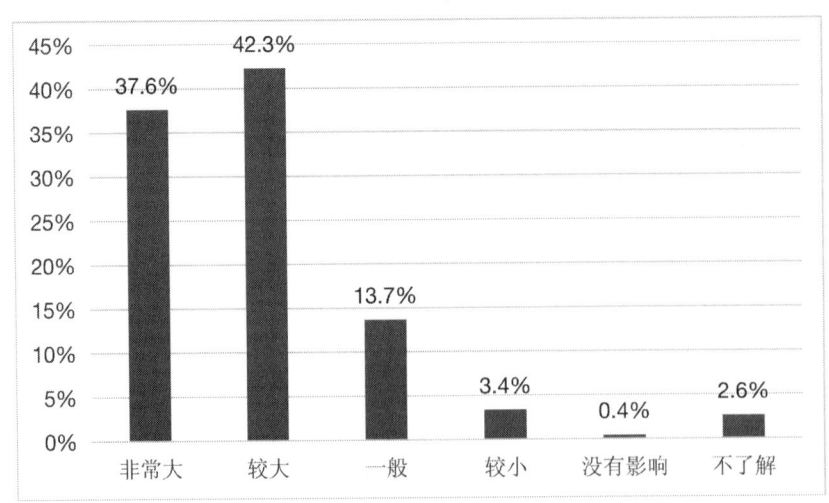

图 5 人工智能对编辑工作的影响程度

对于人工智能对编辑工作的影响程度，79.9%的受访者认为影响大，其中37.6%表示"非常大"，42.3%表示"较大"。

人工智能对记者工作的影响程度，73.4%的受访者认为影响大，其中32.1%表示"非常大"，41.3%表示"较大"。

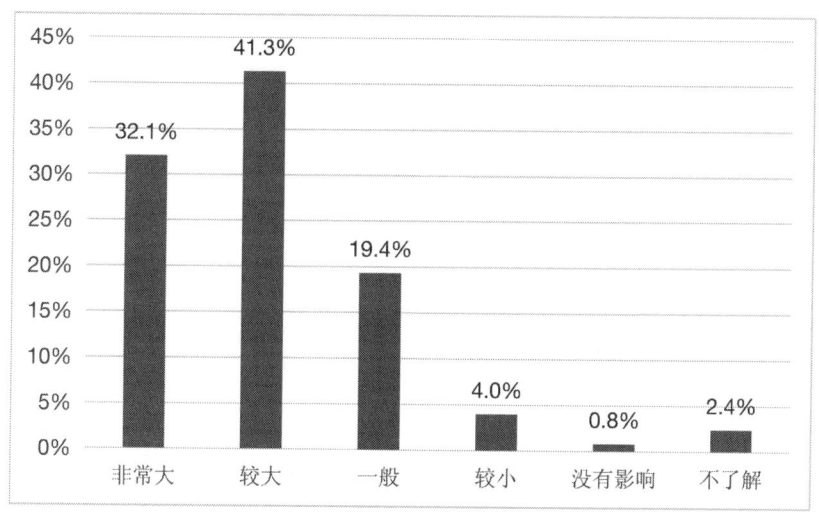

图6 人工智能对记者工作的影响程度

人工智能应用已广泛渗入国内新闻工作的各业务环节中。调查显示，目前人工智能应用渗入度最高的业务环节集中在舆情监测/线索收集（71.6%）、内容精准传播（63.2%）、用户画像（56.9%）、效果评估（54.5%）、与用户互动（54.1%）、采集（49.4%）等。

值得注意的是，在策划（19.0%）、写作（22.6%）、新闻事实核查（24.3%）等需要新闻人发挥主动性、创造性的环节，人工智能技术的渗入程度比较低。

表2 国内新闻工作各业务环节中人工智能应用的渗入度

序号	新闻工作各业务环节	选择比例
1	舆情监测/线索收集	71.6%

续表

2	内容精准传播	63.2%
3	用户画像	56.9%
4	效果评估	54.5%
5	与用户互动	54.1%
6	采集	49.4%
7	广告经营、市场推广	46.3%
8	编辑制作	44.5%
9	发布	43.1%
10	新闻事实核查	24.3%
11	写作	22.6%
12	策划	19.0%

2. 国外媒体调整岗位设置及人才培养方式适应智能变革

人工智能技术的发展对国外媒体的岗位设置和人才培养也产生了巨大的影响。

一方面，人工智能应用催生新职位，引进新力量。为加强在人工智能领域的发展，专门负责该领域职责的职位应运而生。如贾斯汀·迈尔斯（Justin Myers）被任命为美联社的第一位新闻自动化编辑，这是该机构对机器驱动项目日益重视的一个新举措。他的职责是开发软件来自动化新闻编辑部工作流程并生成内容。他还分析数据，为美联社记者提供背景和深度分析，并帮助美联社的领导者了解机器学习、自动化和其他相关技术的最新发展。人工智能时代，新闻编辑部的人力资源构成也在发生重大变化，一些新力量崭露头角并逐步占据重要地位。比如，数据科学家和计算记者（computational journalist）进入新闻编辑部，成为重要成员。数据科学家能够运用人工智能系统来增强新闻工作。而计算记者则对人工智能如何运作，以及如何增强他们自己的新闻有着深刻的理解。纽约时报计划投入大量精力，让更多有编程技能的记者进入新闻编辑部。这种趋势，对那些不懂技术的传统记者来讲是一种威胁和挑战。

另一方面，员工招聘和培训面临新的重大挑战。在招聘方面，面临的问题是，招聘什么样的员工才能适应人工智能时代新闻业变革和发展的需要？那些不懂技术只懂专业知识的人还能是合适的人选吗？汤森路透相关负责人表示，人工智能的崛起越来越需要关注那些不仅拥有应对当今挑战的技术敏锐度，而且具有适应未来挑战的灵活性的专业人士。在日益依赖高科技的新闻业，掌握人工智能等前沿技术的高科技专业人士是构建未来新闻业创新与突破的核心人才，因而必须打破招聘现状，引入更多高科技人才。人工智能时代，员工的再培训也十分必要和迫切。因为他们需要学习和掌握新工具，拥有新思维，适应新的工作流程。美国专业记者协会（SPJ）2019年7月在领英刊登一则招聘启事，寻找有经验的数字记者或教育工作者，对美国3800多名记者使用Facebook平台的最新产品和工具进行培训。这个案例说明，记者学习使用高科技公司的产品和工具变得重要。根据《华尔街日报》中文版2019年7月的一篇报道，高科技公司亚马逊将在6年内投入7亿美元重新培训三分之一的美国员工（至少10万人）。这是有史以来规模最大的企业再培训行动之一。亚马逊认为，迅猛的数字化转型之下，员工的工作方式正在被技术所颠覆。在亚马逊等科技公司的推动下，对科技驱动型人才的需求正在增长。新闻业面临同样的问题和挑战，要对现有员工进行再培训，引导他们向科技驱动型人才转变，以适应正在被技术颠覆的工作方式。

三、媒体智能技术的实现路径

调查数据显示，在媒体机构人工智能技术的实现路径上，外部合作与自主研发都为受访者所看重。合计超八成（83.1%）的受访者认为，媒体机构有必要与外部科技企业及机构合作研发人工智能技术，其中40%认为外部合作"非常必要"；合计近六成（58.6%）的受访者认为，媒体机构有必要自主研发人工智能技术，其中31.8%认为自主研发"非常必要"。

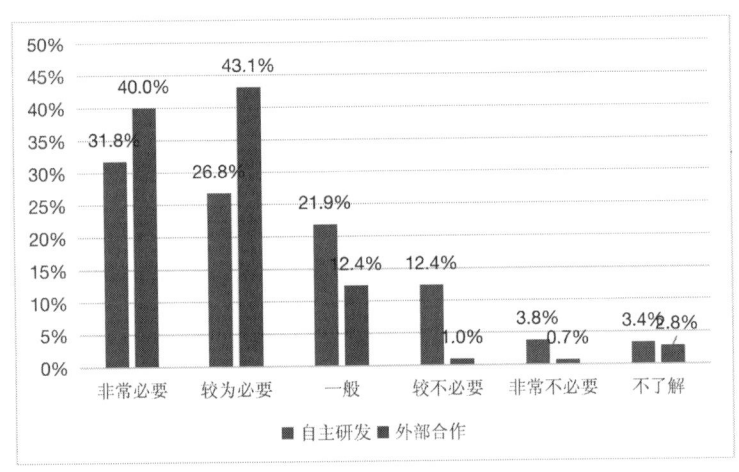

图7 媒体机构人工智能技术的实现路径

两种智能技术实现路径均受到受访的媒体从业者重视，究其原因：一方面在于底层的人工智能技术大部分掌握在外部科技企业和研究机构手中，但另一方面基于新闻信息传播场景的智能技术研发，迫切需要结合媒体应用发展的实际。

实际上，梳理国内外媒体智能技术的研发模式，可以看到，与外部科技企业、科研机构合作，以及自主研发两种模式都较为常见。

1.国内主流媒体更多选择与领先的人工智能技术企业合作研发

人民日报推出的"党媒算法"，选择与人工智能技术公司第四范式合作。第四范式的"先荐平台"通过质量评估系统、用户与平台双向互动的推荐系统、文本分析系统、用户画像系统等多个系统的实时、高维运转，为人民日报从0到1搭建出推荐系统，已经在人民日报新闻客户端正式上线。"先荐"是第四范式出品的基于大规模机器学习的推荐系统服务平台，旨在降低媒体拥抱新技术的门槛。

新华社、阿里巴巴联手打造的新华智云公司，研发推出了"媒体大脑"，通过大数据及人工智能技术，为内容生产者提供涉及内容采集、编辑、存储、分发等全生产链的专有技术，重新定义大数据时代内容生产者的核心竞争力。在 AI 合成主播的开发过程中，搜狗公司的相关技术人员同新华社的新闻主播一同进行了各种探索尝试。

中央广播电视总台承担的超高清视音频制播呈现国家重点实验室建设 2019 年 12 月在上海国际传媒港启动，该实验室与上海交通大学、国家广播电视总局广播电视规划院、腾讯、商汤科技、明略科技等研究机构和科技企业签订了合作协议。相关合作将中央广播电视总台的媒体优势与研究机构、科技企业的平台及技术优势相结合，力争面向下一代视音频的人工智能技术发展，形成具有行业影响力的核心技术和技术标准。

国内媒体也开始逐渐重视智能技术应用的自主研发。新华社自主研发了微信小程序新闻雷达"NewsRadar"，实时追踪新闻热点及线索话题，力求新华社的议题设置能力领先。

2. 国内地方媒体多选择采购智能技术、入驻大型平台

国内省市县级传统媒体的技术力量薄弱，不具备自主研发和搭建平台的能力，很难实现人工智能技术的快速落地和持续迭代，因此很多地方媒体选择采用直接采购人工智能技术解决方案、入驻大型平台等方式，获得相应的智能技术和传播能力。

人民日报"中央厨房"技术系统旨在让所有的新闻线索、选题策划、传播效果、运营效果都有数据支撑，其软件平台拥有内容分发、舆情监测、用户行为分析、可视化制作等一系列技术工具。人民日报"中央厨房"已经与河南日报、湖南日报、四川日报、上海报业集团、广州日报、深圳特

区报等地方媒体战略合作,旨在围绕内容、技术和传播等开展一系列合作,加快融合进程。新华社"现场云"是全国服务平台,旨在为国内媒体提供融合发展的大舞台,目前已有包括中央媒体、地方媒体、党政机关在内的3600多家机构入驻现场云平台。央视新闻移动网截至2019年1月正式入驻矩阵号400家,矩阵号系统构建进一步升级,逐步形成覆盖全国范围的省市县级媒体及纸媒、报业机构的综合性新闻资讯平台,融媒体聚合能力显著提升。

3. 国外媒体多采用外部合作与自主研发相结合的模式

国外媒体的技术研发情况与国内类似,多采用外部合作与自主研发相结合的模式,实现智能技术突破。美联社是两种技术路径相结合的典型案例。美联社希望研发一系列智能软硬件以帮助记者满足新闻采集需求,在这方面美联社多采用自主研发的方式。比如使用树莓派(Raspberry Pi)——一种信用卡大小的低成本、小型、易于编程的计算机——构建了一个能够测量娱乐和政治场所地面振动和噪音水平的实验原型,作为确定音乐会上最受欢迎歌曲、比赛中最大玩家、竞选集会中最有力引语的间接方法。在智能软件研发方面,2016年美联社的选举研发团队建立了自己的机器学习算法,可以帮助确定政治竞选结果的概率。

除了独立研发一些智能软硬件外,美联社更主要通过与科技公司的合作来获取人工智能技术支持。如,美联社与自动洞察公司合作运用自然语言生成技术制作新闻内容。美联社还利用数字地球公司(Digital Globe)的卫星图像,为东南亚渔业公司奴役劳工的调查报道记录关键证据,该报道在2016年获得普利策公共服务奖。作为全球领先的商用高分辨率地球影像产品和服务供应商,数字地球为媒体提供了一个从太空更客观更全面观察和记录事物的视角和能力,从而解决一些过去难以解决的紧迫问题。其计算机视觉算法能够调整卫星摄像机的方向,以拍摄满足客户需求的最佳影像。这些影像最终为美联社报道小组无法触及的调查提供了一个参考依据。CNN、华盛顿邮报、今日美国等媒体都曾利用数字地球的技术来进行报道。2017年6月，美联社宣布与总部位于东京的在线新闻机构Spectee进行内容合作。通过使用人工智能和专利技术，Spectee能够大大减少分析和分类社交媒体用户生成视频和图像所花费的时间，加快了获取、验证和发布UGC素材的速度。2018年1月，美联社宣布与休闲游戏公司Arkadium合作，将其人工智能工具整合到美联社的职业足球、大学足球和大学篮球数字新闻体验中，该公司称之为factives的交互组件能利用人工智能和大数据来填充上下文内容。

四、智能技术推动媒体融合发展

伴随人工智能技术的高速发展，智能技术在传媒领域的应用持续推动媒体融合发展，并不断催生新的媒体业态。

1. 人工智能技术推动媒体融合向纵深发展

人工智能技术在传媒领域的广泛应用，对媒体融合向纵深迈进、一体化发展也有巨大的推动作用。习近平总书记指出，"传统媒体和新兴媒体不是取代关系，而是迭代关系；不是谁主谁次，而是此长彼长；不是谁强谁弱，而是优势互补。从目前情况看，我国媒体融合发展整体优势还没有充分发挥出来。要坚持一体化发展方向，加快从相加阶段迈向相融阶段，通过流程优化、平台再造，实现各种媒介资源、生产要素有效整合，实现信息内容、技术应用、平台终端、管理手段共融互通，催化融合质变，放大一体效能，打造一批具有强大影响力、竞争力的新型主流媒体。"

媒体融合正迈向"你就是我、我就是你"的阶段，新华社不仅关注媒体自身的融合，也关注媒体与外部环境、与其他新闻媒体，乃至与高速移动互联网、人工智能技术的深度融合。近年来，新华社从输出作品到输出产品，进一步向输出工具、输出平台、输出服务升级，有效助推新闻媒体深化融合发展，形成了产业链闭环。新华社智能化编辑部的核心产品——媒体大脑、现场云、时政动漫短视频平台等智能应用，与采访录音转文字、智能翻译、智能检校等"用后即走"的智能化采编工具不同，可以助力新华社打造一个海纳百川的内容池。媒体用户使用智能化生产平台会不断上传作品，平台通过主题征集、全国比赛多种方式，能够不断沉淀高质量的内容，进一步筛选、关联、分发，可以深度融合相关内容领域的产业链上下游。相关智能技术和服务以"一站式解决方案"的模式，赋能其他媒体、党政机关、企事业单位，助力其轻松迈入智能时代，为新华社的媒体深度融合及转型发展开辟了广阔发展空间。

站在中央广播电视总台发展的新起点，央视网与央广网、国际在线等总台"三网"新媒体紧密协作，共同建设"人工智能编辑部"，编辑部以视听为特色，对总台的优势资源进行智能化开发，致力打造独具总台"智造"特色的创新产品。央视网正加大与顶级 AI 技术机构的合作，加快"人工智能编辑部"建设，包括集智能创作、智能加工、智能运营、智能推荐、智能审核"五智"于一体的人工智能集成服务平台，构建全媒体传播体系的"智慧中枢"，为用户提供智能化的多场景服务。

2. 人工智能技术应用对国内新的媒体业态影响非常大

针对人工智能技术的应用对国内新的媒体业态的影响问题，问卷调查数据显示，超七成（73.2%）受访者认为人工智能应用对国内新的媒体业态影响非常大。表示"一般"的比例为 21.3%。"没有影响"和"不了解"的比例分别占 1.0% 和 4.4%。

问卷调查还显示，近七成（67.2%）受访者认为，人工智能将会不断催生新的媒体业态。55.9%的受访者认为人工智能将与媒体"深度渗透（融合）"。不过也有17.6%的受访者持谨慎态度，认为融合有天花板（12.7%）、影响有限（4.9%）。

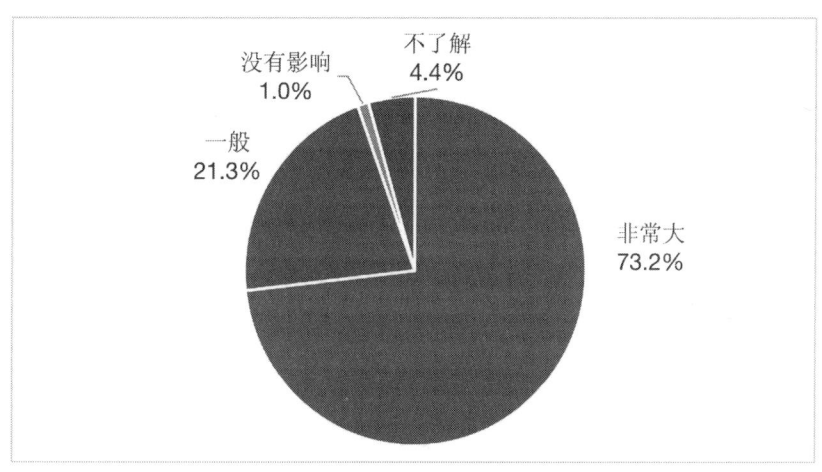

图8 人工智能应用对未来国内新的媒体业态影响

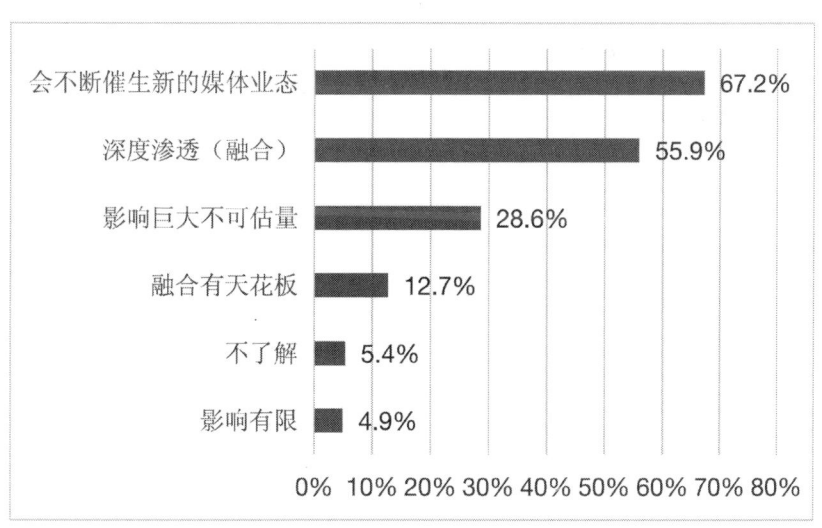

图9 人工智能对传媒业发展趋势的影响

智能技术催生新媒体业态方面的典型案例是今日头条，它将算法推荐等人工智能技术创新运用于新闻信息的分发领域，从新闻信息的流通环节出发,建构出全新的信息传播平台。尽管今日头条、一点资讯、快手等科技平台声称自己不是媒体,但其极强的信息分发能力,以及对内容生态的构建,使其成为具有媒体属性的新兴业态。

人工智能在新闻传播全链条中的具体应用

随着人工智能技术的不断成熟，国内外传媒业都开始将其运用到新闻生产传播的各个环节，数据挖掘被用于寻找新闻线索，机器人写作被用于直接的新闻生产，算法推荐接管内容分发……人工智能已经在整个行业链条上对新闻业产生影响，基本涵盖了从信息采集、内容生产、内容分发到用户培养等全过程。

一、信息采集与线索挖掘

近年来，越来越多的新闻事件率先在社交媒体上披露。记者如何在冗杂的信息汪洋中找到线索，准确、迅速地报道新闻变得更具有挑战性。人工智能和大数据技术可以快速挖掘线索和有效地关联信息，协助记者更全面地分析数据，发现隐匿其中的趋势和事实，显著提升信息采集的效果。

国内的主流媒体在这方面做了很多积极探索。由新华社和阿里巴巴集团共同投资成立的人工智能科技公司新华智云研发的突发识别机器人系统，能够自动识别突发新闻，提高突发事件报道时效，是记者们面对突发事件报道的得力助手。面对众多媒资素材，突发识别机器人首先会自动识别属于突发事件的线索，提醒编辑优先处理。机器人还能自动识别突发事件媒资中有价值的新闻片段并高亮出来，例如火灾、爆炸、交通事故等。

新华社自主研发的微信小程序新闻雷达（NewsRadar），实时追踪互联网、社交媒体、APP 等千万级数据，为编辑记者提供新闻热点、新闻线索、微博话题，自动预警突发事件，并根据事件性质和规模预测事件热度，强化新华社在突发新闻报道中的领先优势。人民网的舆情监测系统利用大数据挖掘等技术，能够 7×24 小时对互联网信息进行实时监测、采集、内容提取、自动消重，分类梳理热点事件，分析信息来源、热度走势、地域分布等。

国外媒体在利用人工智能技术辅助新闻信息采集方面要领先于国内。

路透社、美联社等媒体集团以及一些初创科技公司推出的各种技术卓有成效。

路透社自研的两款人工智能工具 Reuters News Tracer（新闻追踪者）和 Lynx Insights 在快速收集、梳理社交媒体上的可靠信息源和素材方面应用广泛。Reuters News Tracer 是一款社交媒体监测工具，用于发现 Twitter 上的突发事件，并根据新闻性和真实度给予评分，使记者和编辑聚焦真正重要的新闻。该系统运用算法和机器学习等技术对 Twitter 上的海量信息进行监控，可以过滤掉 80% 的垃圾信息，挑选出最相关的事件，确定它们的主题，排列出优先级，并通过自然语言处理生成事件的简短摘要以及其他有用的指标。路透社自 2016 年开始使用新闻追踪者分析社交媒体数据，其突发新闻事件首发率多次领先全球其他媒体。

路透社推出的另一款人工智能工具 Lynx Insights，可以协助记者搜集和分析数据，撰写模式化的报道。Lynx Insights 设计的目标是将新闻编辑工作按照人和机器各自擅长的领域分开协作，机器完成数据处理、模式识别；编辑提出问题、判断新闻价值。发挥各自的长处，提高报道效率。Lynx Insights 对海量数据挖掘，比如热门话题、世界各地有趣的事情、股价波动等，寻找到有用的线索，然后以短信、电子邮件或者 flash 推送的形式发给记者参考。该系统还具有一个功能，比如记者输入一家公司的名称，它就会快速地提供有关该公司的信息，极大提高了记者做新闻事件背景调查的效率。目前，路透社已经将其应用于财经题材的新闻报道。在未来，该系统还将被应用于体育新闻报道和地震监测等其他细分新闻领域。

在辅助媒体进行报道决策方面，成立于 2012 年的美国 NewsWhip（新闻鞭）公司技术先进，它与美联社等多家媒体都有合作。在新闻报道中，数据的作用愈加重要。NewsWhip 利用大数据挖掘等技术，从人们在社交网站上的各种活动中收集信息、挖掘线索，协助新闻机构更快地发现重要内容。它可以每两分钟扫描一次 Facebook、Twitter 等全球主要社交媒体，来捕捉什么事件是当下最热门的，怎样的内容更受欢迎，然后分析这些内容的发展趋势并转化为可操作的建议，帮助媒体人根据线索资源进行选题策划。

BBC研发的Juicer（榨汁机）也很有代表性，可以抓取报道线索并从中提取精华内容。Juicer是一个新闻聚合和内容抽取系统，可以监控全球近850个新闻发布源，通过AI算法整合处理数据，并进行分拣、提取，然后为其分配相应的语义标签，分为四类归档：组织机构、地点、人物和事件。举例来说，如果记者正在寻找有关美国总统特朗普的最新报道，Juicer会快速搜索网站，并提供相关内容列表。该系统的功能还在不断完善，也越来越贴心，当读者鼠标在某个字词上停留片刻，它就能迅速弹出与之有关的信息，优化了用户体验。

数据可视化是以快速阅读和易于理解的格式向读者清晰展现复杂信息的有效方式。与美联社和路透社都有合作的Graphiq（语义技术公司）在这方面技术领先。具体来说，该公司的核心技术是根据大数据热点收集线索，然后在极短的时间内抓取相关信息，建立可视化图像，并与要做的报道匹配。举例来说，如果记者准备写一条鳄鱼攻击人的新闻，语义技术公司的人工智能系统已经把该事件基于历史数据的可视化内容生成完毕，为记者节约时间的同时也扩充了背景资料。最值得一提的是，该公司提供的图表等可视化数据会随着时间进展进行实时更新。这对记者报道突发新闻事件时尤其有用，可以在最初报道的基础上迅速添补信息，提高报道时效。

美联社与该公司紧密合作，为所有美联社成员及用户提供交互式可视化信息图形。据介绍，在报道中加入Graphiq的交互图形后，一些美联社用户的停留时长增长了40%多。目前，这家公司已经被亚马逊收购，以协助让语音助手Alexa变得更加智能。

二、内容生成与编辑

目前，在新闻内容生成和编辑方面，语音转换技术、机器人写作、音视频自动生成技术、内容纠错技术等被广泛应用。这些人工智能技术将记者从繁重而乏味的日常任务中解放出来，使他们能够专注于更需要创意、思考、判断力的深度报道领域。

1. 语音转换技术

有调查显示，记者平均每周花 3 小时做访谈，但却要花两倍的时间将访谈录音整理为文字。有了这项技术，记者就可以从初级劳动中解脱出来了。

在这方面，国内的一些头部科技公司表现令人瞩目，为媒体工作提供了极大助力。科大讯飞利用人工智能技术，研发了一系列的相关产品，并在很多媒体业务场景中投入应用。面向采集环节，讯飞听见 APP 等产品可以实现采访的语音变成文字的功能；面向编辑环节，讯飞听见智能文稿唱词系统，能够快速实现音视频字幕生成，1 小时的音视频节目，5—10 分钟生成字幕出稿，经过简单人工校验，就可以生成相应的字幕文件，减少了编辑过程中人工排字幕的时间，提升工作效率。

新华智云推出的专业级录音转文本工具"采蜜"，可以帮助记者实时将采访音频转换成文字，并自动同步至电脑上，省去大量简单重复劳动。此外，新华智云研发的字幕生成机器人，可以通过语音识别技术，快速找到音视频中的关键词，就像 Word 文本一样通过搜索关键词即可定位到关键信息。同时在视频编辑过程中，字幕生成机器人可一键根据视频同期声为视频添加字幕。过去做一个 3 分钟的视频，可能需要花 30 分钟时间编辑同期声字幕，现在有了这个机器人，只需几秒钟就可完成，记者可以把精力更多用在脚本写作和镜头剪辑上。

新华社技术局研发的语音智能分析平台"音讯"实现了多语种语音识别与合成能力，在移动端，对中英西法俄阿葡等9种语种的语音进行实时转写，让记者从此告别"录音笔"与"速记本"，采访结束一键出稿；网页版"音讯"，可将数小时录音分钟级别高效转写；桌面版"音讯"内录工具的推出，让电脑上的各类视频直播语音高效地实时转为文字，记者编辑不用再反复回听记录，节约了大量时间与精力。

2. 机器人写作

在新闻采写领域，机器人写作开始扮演日益重要的角色。所谓机器人写作，其背后的核心原理还是大数据分析和云计算，从海量的资讯中找出最有价值的部分，通过算法，用固定的报道模式呈现出来。机器人写作在诸如证券交易、体育赛事、地震速报等模式化报道中应用广泛。

2015年11月7日，新华社的写稿机器人"快笔小新"正式上线，在体育和财经等领域7×24小时实时采集数据，每天生产200余条稿件，极大提高了发稿时效。

新华智云推出的体育报道机器人，可以辅助赛事管理，对赛事直播智能拆条，自动包装视频集锦。比如在俄罗斯世界杯期间，该系统持续工作，通过机器生产以及人机协同生产两种模式，共生产世界杯短视频37000多条，平均生产用时50.7秒，最快一条视频的生产仅耗时6秒。

2016年5月，第一财经联合阿里巴巴推出智能写稿系统"DT稿王"。它采用机器学习算法，完成实时信息监控、挖掘等工作，并对信息作出判断，输出相应内容，完成新闻写作。据统计，第一财经每天使用"DT稿王"生产的稿件达数百条。

在国外，机器人写作比国内更早地被应用于新闻编辑室。早在2014年，美联社就开始与Automated Insights（自动洞察公司）合作，利用写稿机器人来完成相对模式化的财务报道。《华盛顿邮报》在机器人写作方面有着更为丰富的实践。该机构拥有 100 多个新闻机器人,其中 Heliograf 表现尤为突出。Heliograf 于 2016 年在里约奥运会报道中首次亮相。该系统通过分析比赛的实时数据整合信息,然后与写作模板中的相关短语匹配,生成新闻报道。在整个里约奥运会期间,Heliograf 承担了大量有关比分和奖牌数的实时报道,记者可以专注于采写其他更有深度和有意义的内容。此外,该系统还被《华盛顿邮报》用于国会和州议会的选举日报道。

《纽时时报》研发的写作机器人 Editor(编辑),将机器学习技术与记者撰写新闻故事的过程相结合,记者在利用该系统写稿的同时可以使用标签对重要的短语、标题、观点进行再标注。计算模式经过长期训练,可以自动识别语义标签,并学会分析文章中的重点部分,帮助记者编辑更快地查找资料、核对内容。

3. 视频自动生成技术

利用人工智能技术将文本直接转化为视频,不仅能更清晰地呈现复杂关系,同时也具有更生动的表现力,极大地促进了新闻信息的多样化生产,提升了记者的工作效果。

在国内,新华智云研发的数据新闻机器人表现突出。该系统提供 18 种专业的数据可视化模板,涵盖饼图、柱状图、折线图、排名图等样式。通过流畅的动画效果,高颜值的可视化模板,展现数据间的关系。同时简单易上手,降低了制作数据可视化视频的门槛。零基础编辑只需上传一个数据表格,即可一键生成对应的可视化视频。

新华社采用智能多轨视频编辑产品,编辑仅需输入一篇稿件或一个主题词,即以新华社海量视频与图片资源为基础,以智能标引技术、语音合成技术、语义检索等智能化技术作为支撑,实现高质量短视频的一键智能生成,大幅提升了短视频稿件的制作效率。

国内一些科技创业公司在视频自动生成领域也有不错的成效,比如杭州的慧川智能，主要做视频编辑。电视台做节目时，有些视频可能是从执法记录仪里面导出的，那么电视台编辑就把这段视频导到慧川智能的工具里面，输入几个关键词，系统就会自动匹配，快速找到要发布的内容，自动生成一个视频，并配上字幕，几乎不需要人工干预。

在国外，比较有代表性的是2011年创办于以色列的Wibbitz。Wibbitz是一家以文本新闻为基础，依托人工智能将文本自动生成短视频的科技公司，他们最核心的技术是"文本转换视频技术"。这项技术可以通过对图片、视频的识别功能，实现智能化分类、归档、储存，然后根据输入的文本，挑选出关键词，并迅速搜索出与关键词最相匹配的清晰图片和动图，自动生成视频。2017年，美联社参与Wibbitz的融资，利用其技术实现视频的智能化生成。

4. 新闻内容纠错

2019年，新华社自主研发了内容智能检校机器人"较真"。"较真"嵌入在新华社的采编发系统中，点击"拼写检查"按钮，进入"智能检校"即可对稿件进行校验。"较真"不仅具备传统检校软件在易混淆字、内容规范表述等方面的能力，而且增加了人名自动识别、语言语法使用、语义搭配理解、知识辨别、逻辑搭配、日期规范及稿件电头格式等方面的校验功能。与传统检校软件相比，"较真"引入人工智能、大数据等技术，具有以下优势：一是能根据新闻行业语言逻辑规律，发现文本语义错误；二是通过对海量新闻数据的学习，可以不断提升检校本领；三是拥有15种识别能力，对稿件检查更细致、更深入，准确率超过业内同类产品50%。

用人工智能对新闻内容纠错的技术还有很多，比如成立于美国的公司Grammarly为记者提供英语的语法纠错、标点修改、词句润色、句子结构优化等功能。以色列Ginger产品可根据每句话的上下文在MS-Word、Outlook、PowerPoint、IE和Firefox中纠正拼写和语法错误。

三、内容分发和个性化推送

在传统的大众传播模式中,受众是模糊的,媒体无法精准定位受众,受众也无法选择自己想看的内容。以机器学习和推荐算法为代表的个性化推送改变了这种状况,实现了内容的精准分发。

在国内,内容分发类平台今日头条依靠算法建立起精准的用户画像,基于用户的搜索浏览数据、地理位置、手机环境、社交网络关系等,产生针对每个用户的个性化信息流,可以说颠覆了受众接收信息的模式。一点资讯则将编辑和算法相结合,通过对用户画像、文章画像和算法模型的分析,智能分析用户爱好,精准推荐内容。

短视频社交平台的个性化推送更是应用广泛。快手自 2011 年创立以来发展迅速,基于深度学习的人工智能算法机制,快手实现了复杂网络环境下对不同用户、多种场景的内容分发。

在国外,《纽约时报》的机器人 Blossomblot 可以对社交平台上推送的海量文章进行大数据分析,推测哪种类型内容更具热度,更具有推广效应,以此帮助编辑挑选出适合推送的内容。据该报内部统计,经过 Blossomblot 筛选后的文章点击量是普通文章的 38 倍。

四、用户反馈与互动

为满足用户获取内容的个性化需求,强化交互性,新华智云推出对话机器人服务,用户可以像与人聊天一样,与机器进行问答,从而获取最感兴趣的内容信息。比如在俄罗斯世界杯期间,"进球机器人"入驻新华社公众号,为用户提供世界杯进球视频。用户点击菜单栏的"进球机器人",提问如"我想看梅西的最新进球",机器人就会自动回复相关视频。

国内媒体与用户的互动,现阶段更多地借助多媒体识别技术。如人民日报客户端推出的互动型 H5 产品《快看呐！这是我的军装照》通过人脸融合技术实现用户虚拟"军装照"合成，用户参与度极高，浏览量超过 10 亿。

新华社在改革开放 40 周年报道中与快手合作推出一款穿越类互动产品《紧急通知！"C1978"号航班即将起飞，请小伙伴们抓紧登机》，用户乘坐虚拟 C1978 航班，上传不同手势照片，即可一秒穿越到不同年代和场景中，完成一次改革开放的"时空穿越"之旅，最后用户还可保存在经典场景中的"穿越证"。产品中的每一个场景均还原自新华社数据库中的经典照片，结合快手的人脸融合、手势识别等技术，实现了在动态视频中换脸。

在评论反馈方面，为了让更多的用户参与评论，《纽约时报》和谷歌旗下的 Jigsaw 公司合作推出了 Perspective，可以针对读者评论进行过滤筛选，鼓励建设性的讨论，屏蔽掉骚扰或谩骂等不良评论。《纽约时报》的评论审核小组有大约 14 人，负责每天手工处理近 1.1 万条评论，但实际发布的评论仅占评论总量的 10%。这种劳动密集型的工作流程限制了与受众的互动。《纽约时报》希望借助 AI 的自动化转换的功能，提高与读者的互动量。通过 Perspective 智能算法，对用户评论内容进行打分，良性的有建设性的评论给予正分，谩骂性的、肮脏评论给予负分。通过设定内容显示的比例值，自动过滤掉不良评论，使读者更容易检索到自己感兴趣的评论并展开讨论。

五、新闻事实核查

虚假新闻一直是新闻传播业的痛点之一。近年来，人工智能技术越来越多地运用于追踪和识别虚假新闻。

自 2018 年 1 月开始运作的 FANDANGO 项目是欧盟 Horizon2020（地平线 2020）科研规划中的虚假新闻检测项目，目的是利用大数据及人工智能技术解决虚假新闻检测的难题。通过对内容进行独立性分析，该项目可以帮助记者发现虚假照片等内容;它还提供虚假新闻溯源,通过技术手段让记者可以发现哪些假新闻具有相同的根源,做进一步的调查。

英国帝国理工学院的"好新闻"项目,通过分析社交媒体传播模式来确定新闻的真假。该技术通过大量的数据分析发现,假新闻的传播模式与真实故事有很大区别。假新闻更倾向于通过分享的方式传播出去,相比之下,真实的故事则拥有更多的点赞数量。以此为理论基础,"好新闻"项目开发出了相关算法。

对于不良信息的核查拦截,国内外的人工智能公司和互联网巨头也开展了相关研究。新华智云推出的安全核查机器人通过深度学习技术,结合在媒体领域积累的文本、图像、视频、音频识别技术,可以快速定位涉黄、涉恐、涉政等内容,为内容生产提供安全监测,降低了人工审核成本,提升审核效率。

网易公司的易盾能够识别图片、视频中的违禁旗帜、违禁LOGO、公职服饰、不文明行为等违禁内容,有效清除有害信息和不良内容,准确率已经达到95%以上,每秒可以处理百万张图片。字节跳动科技公司在今日头条平台上,依靠人工智能技术,模仿人脑机制,对低俗图片的拦截率较之前纯人工拦截提高了73.71%。

美国的AI Foundation(人工智能基金会)开发了一款名为Reality Defender(现实卫士)的工具,以自动发现虚假不良信息,它的运行原理与杀毒软件类似,通过扫描每一幅图像、视频和文章,报告可疑的目标,并使用各种人工智能驱动的分析技术,以检测可能出现的敏感问题。

六、版权保护

随着媒体传播渠道的多元化,内容更是成了媒体的核心资源,而版权则是保护内容的重要手段。人工智能技术的进步,也为新闻版权的保护带来了新的思路和手段。

人民网舆情数据中心依托多年舆情业务的大数据采集和分析能力，结合区块链技术，推出"人民版权"一站式版权保护管理平台。利用区块链的不可篡改、可追溯、开放、去中心化、真实安全等特性，完成对数字作品的版权保护全流程管理。

在今日头条自主研发的CID（Content Identification）系统中，每个视频内容上传后，会得到唯一的"内容指纹"文件，系统会将这个文件与其他上传到今日头条的视频进行对比，一旦发现侵权，视频版权方可立即让侵权视频下架。

中国知网利用神经网络模型对文本内容构建高维度语义索引，不管是中文还是其他语言，文章都被映射到一个统一的语义空间，实现真正基于内容理解的语义级全文比对检索，从而更加有效地发现文章的抄袭和雷同。

在国外，美国的Civil被认为是区块链技术与传媒产业融合的先行者，Civil平台也是基于区块链技术打造的新闻出版发行平台，美联社与其合作，追踪其新闻内容在社交媒体上的传播路径。此外，美国Adobe公司通过人工智能算法可以自动识别被篡改过的照片，并且对照片进行恢复和溯源。

第四章

人工智能应用
对用户与受众市场的影响

人工智能技术应用为传媒业注入了新生力量。无论是对新闻报道时效和质量提升,还是对全媒体、多样态产品形式的创新,以及交互化、精准化、场景化的用户服务开发,"人工智能+传媒"的发展路径都为媒体的转型升级和融合发展带来一丝曙光。

一、提高报道时效质量

机器人写作、舆情监测等人工智能技术在传媒业广泛应用后,新闻生产的效率和水平得到提升,用户端获得的新闻信息时效和质量相应也有所提高。

问卷调查结果显示,受访者认为目前人工智能应用对新闻报道的时效性、个性化新闻分发的精准度、新闻生产效率的帮助作用最大。调查采用五级量表的方式,请媒体从业者评估了人工智能技术对新闻报道各方面的帮助作用,赋值打分显示,受访者认为,人工智能技术对报道时效(4.1分)、个性化新闻分发的精准度(4.1分)及新闻生产效率(4.1分)的帮助最大。相对而言,人工智能技术对于新闻报道的深度(3.3分)和真实性(3.3分)的帮助作用较小。

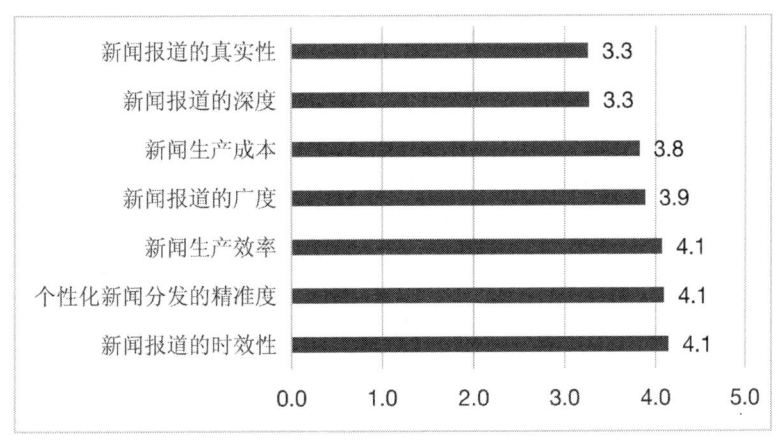

图1 人工智能技术对新闻报道各方面的帮助作用

1. 机器人写稿生产效率惊人

随着自然语言生成技术的快速发展,现阶段人工智能可以自动生成大量文本。国内外各大新闻媒体开始加速布局"机器人写稿"(Robot Reporting 或 Automated Journalism)。写稿机器人的优势在于对信息处理的超强能力。通过对大量数据资料的快速收集、加工与整理,再按照文字模板编制而成的新闻稿,目前已广泛见于财经资讯及体育报道中。虽然采编人员在新闻内容生产方面依然起主导作用,有思想、有高度的调查性报道、解释性的报道,单靠人工智能仍无法完成,但是一些比较简单的新闻内容生产制作,特别是财经金融、体育等方面的资讯信息,根据其"人工模板＋自动化数据填充"的生产模式,可以极为快速地向受众传递新闻事实。

2016年里约奥运会期间,今日头条研发的机器人通过实时撰写新闻稿,以和电视直播几乎同步的速度发布报道,16天内共生产450多篇内容细致的体育新闻稿。2017年1月,南方都市报的写稿机器人"小南"首次在一秒内完成了长达300余字的稿件。2017年8月8日,九寨沟突发地震,中国地震台网机器人记者仅用25秒完成从稿件撰写到分发的新闻报道全流程,使读者第一时间了解震区情况。

与传统记者相比,机器人写稿的优势还在于可以根据网络点击的数据活跃度,瞬间筛选出下一个热点信息进行新闻合成与推送。2015年9月,腾讯财经推出自动化新闻写作机器人Dream Writer,主笔发布了首篇新闻《8月CPI同比上涨2.0% 创12个月新高》,该报道抓取了国家统计局发布的CPI相关数据,同时援引了行业专家和业内人士的分析。据Dream Writer的研发团队透露,它的内容生产方式主要是基于大数据分析平台,在短时间内选出新闻点、抓取相关资料,通过学习固定的新闻模板生成稿件,它的优势在于适用在信息量巨大的财经资讯类新闻,在准确率和时效性上都完胜人类记者编辑。

据美联社估计,在公司收益报道方面,其写稿机器人可以节省记者

20%多的时间,并能大幅提高报道的效率、数量和准确性。另外,新创媒体Slack主要为企业组织提供生产性机器人。生产性机器人可以提高新闻记者的工作效率,帮助媒体组织自动处理一些日常事务,比如安排编辑会议、日志记录等工作。目前,《华盛顿邮报》《哈佛大学商业评论》是Slack的主要客户。人工智能的介入让采编人员从机械单调的日常事务和枯燥重复的模式报道中解脱出来,有精力探索完成更多高价值的报道。

2. 智能标引、剪辑等节约视频生产时间

人工剪辑视频,非常耗费时间精力,但人工智能却可以在极短的时间内完成同样的工作。目前,人工智能在识别图像内容与提供标签这些方面已经获得了长足的发展,可以帮助用户以前所未有的速度与效率拍摄并剪辑视频,这对视频行业产生了前所未有的影响。

新华社利用智能多轨视频编辑产品,编辑仅需输入一篇稿件或一个主题词,即以新华社海量视频与图片资源为基础,以智能标引技术、语音合成技术、语义检索等智能化技术作为支撑,实现高质量短视频的一键智能生成,大幅提升短视频稿件的制作效率,提升短视频制作在线化、智能化、协同化水平。梨视频与美国科技公司Wochit签订协议,引进了一项用机器剪辑视频的技术,加速剪辑的自动化与智能化。这项技术可以节约大概三分之一的剪辑工作时间。

此外,文图脚本自动生成视频,辨别拍摄对象自动抓拍等技术都已不再是梦想。2019年,北京航空航天大学、清华大学、哈佛大学和以色列赫兹利亚跨学科研究中心的科学家联手打造的最新"神器"Write-A-Video问世,只需要把采编人员脑海中的创意转化成简短的文字,就能实现从选材到剪辑,一站式完成创作,生成视频。

随着智能技术媒体应用的增多,新闻报道在时效性、深度性和质量上都会有所突破,帮助用户阅读到时效更强、品质更高的作品。

二、拓展产品形式样态

把握万物皆媒的趋势，不少媒体通过人工智能技术与5G、AR、VR等技术的跨界融合，创新拓展出多样化的新闻信息产品形态。

1. 人工智能+VR/AR带给受众沉浸化体验

将新闻产品与无人机航拍、AR眼镜等智能终端广泛适配，最大限度延伸人类的拍摄能力，结合面部识别、语音唤醒等人工智能技术，一些智能可穿戴设备可以实现精准的拍摄和第一视角的图片与视频摄影录制，新闻应用场景极大扩展，产品形态超乎想象。

2019年初，新华社成为媒体行业首批5G试点单位，在新中国成立70周年报道中，创新运用"5G+8K+VR"的直播方式，带给用户震撼的视听体验，获得海内外媒体的广泛关注。新华社还重磅推出《60万米高空看中国》系列卫星新闻产品，系列报道综合运用遥感卫星影像、航拍、实景拍摄等方式，进行视频混剪、特效渲染、后期包装制作，打造成3分钟左右的短视频，立体化、全方位地展现出多个省份沧海桑田的变迁发展，带领受众领略来自"太空视角"的大美中国，短视频总浏览量超过2亿。基于智能化图形识别、VR、AR等技术，新华社还推出了视觉冲击力大、交互性强的系列虚拟现实报道。如献礼改革开放40周年的策划《AR新闻|天地工程》等产品，打破了真实与虚拟之间的界限，创造出一个具有"沉浸性"和"交互性"的3D环境，让观众在看新闻时体会身临其境之感。

2. 智能语音交互重塑人机界面

语音交互带来传播方式的颠覆式创新，以智能音箱为代表的产品，使我们能够通过声音方便地与智能终端交流。继键盘、鼠标、触摸屏之后，声音有望重塑人机界面。有学者预测，到2020年，30%的网络浏览量都将是从声音进入,这是互联网下一个巨大入口。音频正在成为"万物互联"的智媒时代重要的内容形式,帮助媒体开拓新的流量入口。路透社新闻研究所调查全球200位媒体主管、高级编辑、数字平台负责人后撰写的《2019年新闻、媒体与技术趋势和预测》显示,75%的受访者表示音频在内容和商业战略中愈加重要,78%的受访者认为语音激活技术(亚马逊Alexa助手、谷歌助手)将改变受众在未来几年介入媒体的方式。

新华社、人民日报、央视很早都开始了"听新闻"的尝试,除专业主播制作的音频内容,三大央媒的新闻客户端都利用语音插件将文字新闻转换成语音,解放了网民的眼和手。2019年2月上线的新华社客户端6.0版,还率先集成智能语音交互助手"小新",探索智能化在音频资讯领域的应用。2019年3月,《都市快报》在"天猫精灵"智能音箱上线了音频新闻,用户可以通过其客户端或"天猫精灵"智能音箱收听相关音频新闻节目,栏目收听率达5.5%,完播率为80.1%。《南方都市报》采用了"1+N"的布局,在南都APP上试水音频新闻,同时通过喜马拉雅、蜻蜓FM等流量平台分发。南都APP的用户每天早上7:00会准时收到《南都音频早餐》的推送,相关节目多次获得流量平台重点推荐,产生了多条50万+的音频内容。

三、吸引用户参与互动

新闻交互应用方面,多种用途的聊天机器人显著提高了用户粘度,视频换脸等前沿技术在传媒产品中的创新使用也令受众惊艳。

1.聊天机器人提高用户粘度

Gartner公司预测,到2021年,有超过50%的企业将会投入更多资金来生产聊天机器人。现在Facebook Messenger有30000多个聊天机器人,许多媒体组织已经在该平台开设信息频道。

数字商业新闻网站 Quartz 上线了以人机对话的方式推送新闻的客户端。与传统的看新闻不同，Quartz 界面是个单纯的对话窗口，打开后 Quartz 会用聊天式的口吻向读者推荐新闻。当读者看到感兴趣的话题时，可以点击窗口下面的选项进行追问，了解更多细节。Quartz 推送的所有内容经过人工编辑实现选择和编辑，用户与 Quartz 的互动则是由机器算法完成。聊天式新闻大大提高了用户粘度，用户停留的时间变长了，不过这类新闻产品最大的挑战是找到适合聊天的新闻类型。

作为 Facebook Messenger 聊天机器人的首批体验者之一，CNN 也对交互有不小的兴趣。除了每天向用户推送头条新闻外，CNN 的聊天机器人还在界面下方设置了读故事、了解梗概以及向机器人提问三个选项。提升机器人与用户交互的流畅度需要增强机器人识别文本和语义的能力。CNN 下一步的计划是与 Outbrain 进行深度合作，让机器人能够熟练对相同的词语在不同意境内进行意义的转化。

一些新闻组织还利用聊天机器人来生产临时性新闻产品。制作临时性新闻产品，不一定要建构一个完整的新闻生产流程，生产者开发的模型可以循环使用。2016 年美国大选期间，Buzzfeed 开发过一个针对大选的临时性聊天机器人，而《纽约时报》为报道 2016 年夏季奥运会也推出过短期聊天服务。临时性新闻产品能够为媒体组织带来额外收入，同时也为用户提供参与机会，而且也是一个比较好的数据收集和定向广告工具。

2. 视频换脸等前沿技术增强产品交互性

除了应用聊天机器人，一些媒体还运用视频换脸技术等前沿智能技术增强产品的交互性。近年，人民日报推出的"军装照""年代照""民族照"等换脸产品频繁刷爆朋友圈，虽然换脸、换装类 H5 在玩法上并不算新鲜，但在技术、参与设计和情感影响上，都有新的突破。这些体验类 H5 都采用用户上传人脸照的形式，应用人脸融合及图像分析技术，在精细的算法模型下，可以快速精准地定位人脸关键点，将用户上传的照片与特定形象进行面部层面融合，使融合的结果既保留了模板的人物风格，又带有用户的人脸特征。智能技术带来良好的人脸换装效果，让用户的体验更自然，满足其变美的心理期待，带动进行自发分享，产生了"刷屏"效果。

人工智能在图片处理领域，利用神经网络、深度学习等技术，可以让普通用户也能享受奇妙丰富的艺术和娱乐体验。俄罗斯科技公司研发的图片处理软件 Prisma，能在短短十几秒内，将手机相册或随意拍照的任意一张照片转变成特定风格流派的图片。与传统滤镜的简单叠加不同，Prisma 主要基于机器学习技术的应用，通过导入无数张图像，不断训练其学习图片的颜色、结构和纹理，进行各种风格的识别和图片转化。2019 年 10 月，计算机视觉领域的独角兽商汤科技和湖北博物馆联合推出一款 AR（增强现实）文物互动产品。现藏于湖北省博物馆的曾侯乙编钟是国家一级文物，出土后一共只奏响过 3 次。商汤科技运用人工智能技术，使观众能够用手机、平板电脑等设备，以手代槌敲响 AR 技术生成的虚拟曾侯乙编钟，亲身体验国宝魅力。这些创新探索与新闻媒体结合将带给用户丰富多样的体验。

四、促进服务精细精准

日常生活中，大众能够阅读到符合自己阅读习惯及兴趣的新闻产品，实现"人找信息"向"信息找人"的转变，大都得益于算法推荐、数据挖掘等人工智能技术。这种人工智能技术不仅仅满足了个性化的需求、顺应了阅读分众化的时代潮流，还从广告精准投放及动态定价两个方面带来了更大的商业价值。

1. 算法分发实现内容智能推荐

在内容推荐方面，很多媒体开始使用人工智能生成"算法新闻"，"算法新闻"让更多人通过算法而不是编辑来决定接收到的新闻信息。英国《泰晤士报》正在开发一个名为"詹姆斯"的全新推荐系统，它将针对用户个人偏好进行学习，并根据格式、时间和频率自动对每个版本进行个性化设置，并且这些算法将在人类工程师编程后由计算机自身反复优化产出结果。

2. 智能技术助力媒体广告经营

在商业推广方面，媒体经营方面的人工智能应用主要包含两方面：一是广告准确投放，二是动态价格变动。《纽约时报》使用算法对社交平台上的文章进行大数据分析，推测什么类型的内容更具热度。该报内部统计发现，经过机器人筛选后的文章点击量是普通文章的38倍。这无疑帮助广告主明确了广告的投放位置。此外，人工智能能够帮助媒体识别潜在订户，甚至可以根据他们之前的行为设计说服策略，比如提供什么样的信息内容，使用的语言表述方式等。人工智能还可以感知并追踪用户的情绪变化，根据用户的喜好程度来调整单篇文章的价格，使价格曲线符合用户的接受习惯和心理，并且动态变化，有助于内容的有效销售。

智媒体时代的传播对象由模糊转向清晰、精细，从而告别了"模糊传播"，实现了因人而异、精准传播，用户信息消费行为的可追踪、可挖掘、可利用。

五、提供场景感受体验

随着移动智能终端类型丰富、产品升级，面部识别、语音控制等功能的普遍应用，用户媒介使用方式发生改变、用户体验优化升级，人与媒介的互动呈现越来越明显的智能化特征，媒介与用户关系被重新建构。

1. 智能终端普及改变用户媒介接触习惯

智能终端的使用和普及促使用户的媒介接触习惯发生改变，提供给用户更多场景化的体验。观众由电视端向网络端和移动端转移。数据显示，近7年来，中国电视平均到达率不断下降，观众不断被互联网和手机分流。与电视和电脑端相比，用户的移动端（手机）使用频率和使用时长最高；媒介使用地点从工作和家庭场合转变为全场景覆盖。相比于在客厅看电视和在公司使用互联网的传统媒介接触习惯，用户越来越倾向于在公共场所使用手机访问互联网，如公交、地铁、出租车和咖啡厅、图书馆；用户使用媒介的方式从"三屏分立"转变为"多屏联动"。电视、电脑和手机的内容不再相互独立，可以借助Wi-Fi网络和蓝牙等技术实现共享。用户可以在电脑和手机上观看电视节目，也可以实现电视联网，播放互联网上的音视频内容。

2. 人机交互能力提升优化了用户的媒介使用体验

媒介产品设计从视觉、听觉、触觉等感官系统出发，提升用户的使用体验。从文字智能联想到屏幕手写式输入再到触摸屏和全面屏，用户终端逐渐实现从按键到触屏的转变；从OCR文字识别技术到自动文本翻译再到指纹、声纹和人脸解锁，产品的易用性和操作效率不断提高；从主动订阅到页面自动切换再到智能化推荐，媒介通过越来越强大的记忆能力根据用户的使用习惯提供个性化服务；AR、VR、MR等虚拟现实技术应用在新闻报道中给用户提供沉浸式体验。2018年两会期间，中央广播电视总台央广中国之声在沉浸式视频的基础上推出H5产品"王小艺的朋友圈"，以手势识别互动的新颖形式，增强用户尤其是年轻一代对两会的关注度和参与感。

3. 原生广告及内容植入改善了用户的阅读体验

一个在广告行业正在出现的趋势是，互动媒介上常见的Banner广告等形态正在逐步让位给原生广告，原生广告指的是一种注重用户体验的互动广告，以用户平常的使用习惯切入，在不破坏用户体验的情况下，为用户提供有价值的信息，它融入了网站和界面本身并成为其中的一部分。研究发现，原生广告的内容植入和呈现不是以争夺视觉注意力为手段，因此不会破坏平台本身的和谐性，而它提供的有价值的信息又让用户乐于参与其中、乐于分享。它不像通常的网站广告那样会被人一眼就能识别出来并刻意避开，而是从内容到形式都给自己披上了保护衣，用户甚至有可能意识不到自己正在浏览一则广告，或者即使知道也乐意观看。一些国外知名的媒体实验室使用眼动追踪技术做实验，研究发现：原生广告的查看频率比硬广告高52%，对在线销售意向提升18%，以及分享意愿高13%。这对媒体广告经营也是一个好消息。

第五章

媒体应用人工智能技术面临的问题与挑战

智能时代：媒体重塑
THE UPGRADING OF MEDIA IN THE AI ERA

第五章 媒体应用人工智能技术面临的问题与挑战

技术的指数级增长意味着人工智能的无限可能。当前,人工智能与媒体各业务环节深度融合,实现了提质增效,但在智媒化发展进程中,仍面临不少问题与挑战。对于媒体而言,观念认知水平滞后于智能化发展趋势、传统媒体体制机制不能有效适应变革、技术基因先天不足等问题在国内外传媒界普遍存在。

与此同时,每项科学技术的馈赠都有其黑暗面与缺陷。早在上世纪,有专家就预测了数字化生存对知识产权、隐私权的侵犯,以及数据使用、文化破坏等问题。今天,随着人工智能技术的发展,其双刃剑效应愈加明显,特别是当人工智能技术越来越多介入新闻生产和传播实践,失序失范现象频现,一系列新问题新挑战接踵而至。

一、观念认知水平滞后于智能化发展趋势

人工智能应用的认识和思想观念问题,是人工智能发展面临的最大障碍和挑战。有效推动人工智能技术应用与媒体创新变革,理念必须先行。调查数据显示,59.7%的受访者认为,推进媒体智能化发展,首先要全员刷新观念、提高认识水平。没有充分的思想认识和正确的思想观念,就难以有科学的发展战略和创新策略。目前,媒体应用人工智能最常见的观念和认知误区表现在三方面:

一是对运用人工智能加速媒体融合"雾里看花",认识不充分、不到位。作为媒体深度融合发展的重要驱动力量,人工智能究竟会对传媒业态产生什么样的影响,应当如何运用人工智能加速媒体融合,不少传媒从业者对此认识还不够清晰,亟待认清形势、转变观念。有观点过于夸大人工智能的功能、作用,认为势必给传统媒体从业人员带来生存危机;有观点无视人工智能时代已经产生的媒体变革,认为智能技术的应用还很遥远……诸如此类的"人工智能万能论""人工智能威胁论""人工智能泡沫论"等,

反映出人们对于人工智能助推融合发展前景的认识是分化的、模糊的。

二是对人工智能技术在新闻生产领域具体环节的应用效果，还存在"看不见""看不起""看不懂"的情况。人工智能技术有其自身特有的发展规律与创新路径，现阶段，技术本身及应用方式尚不成熟，"弱人工智能"不具备推理和解决问题的能力、不具备强人工智能那样的人类情感和思维方式。调研中了解到，不少媒体从业者认为人工智能在传媒业远没有达到应用层面，强调人工智能体现不出"智能"，在应用中更多还是依靠"人工"，以求全责备的态度对待人工智能应用技术和成果，仅看到技术的短期效果，而忽视其长期效果，忽视了技术发展的客观规律和潜能。

三是一些媒体机构对于人工智能重视程度不够，缺乏清晰的发展目标、实施路径和战略规划。对于人工智能技术特征与发展趋势，不少媒体决策层强调媒体行业的特殊性，否认技术的普遍性和通用性，对人工智能技术渐进性的颠覆不重视、少行动。还有些媒体从业人员对人工智能的认识仅停留在技术发展表面和浅层次，认为人工智能就是机器人写作、语音识别，而不知人工智能技术在媒体行业有着很宽的适用面、多种多样的应用场景，忽视了媒体智能化的无限发展空间。这些滞后的观念认识影响人工智能发展决策的谋划和实施。

二、传统媒体体制机制不能有效适应变革

一是传统组织架构、业务流程的不适应。问卷调查数据显示，63.9%的受访者认为，媒体应对人工智能的挑战首先应注重改造传统的采编发业务流程。调研发现，近年来，一些媒体敢于先行先试，正在逐步探索改变原有的编辑部办公模式，在空间意义上完成了平台的架构和新旧媒体的融合，但更多仅仅停留在对于外部形态的改造上。传统的新闻生产主要在编辑部内部展开，是一个相对闭环的生产过程，所有生产环节依靠组织内部

的力量即可完成，而在智能化新闻生产模式下，跨部门、跨行业、跨领域的开放共享、大规模协作成为必然，这就要求在实际生产运作中进一步理顺生产关系、重构新闻生产流程。

二是资金制约。对人工智能投入产出比的讨论是国内外传媒业热议的共同话题。人工智能相关软硬件的引进开发及数据库构建管理等，都需要较高资金实力。但在这样的成本之下，"机器人写稿、审稿是否真的有更高的准确率？""把训练机器、更新数据库的成本用来聘用更多员工，会不会更划算？"……实践中存在不少类似疑问。此外，在当前传统媒体整体业绩下滑背景下，不少省市级媒体在调研中表示"有心无力""没钱投入"。

三是人才队伍建设面临新课题。面对人工智能时代技术发展的新趋势，一些传统媒体人员队伍能力跟不上媒体智能化发展要求，不能熟练运用新技术、新手段，存在"本领恐慌"。与此同时，缺乏媒体智能化发展所需的复合型人才、创新性人才，特别是在技术、运营等部门，领军人才少之又少。传统媒体由于体制机制掣肘，大多存在人才"用不好""留不住""招不来"的难题，亟待优化考核激励机制，盘活人才资源，打造适应现代传播规律的选人用人新机制。

三、传统媒体机构技术基因先天不足

技术是媒体发展变革的第一生产力。从全球范围看，当前，不少传统媒体积极拥抱人工智能技术，努力转换角色，从内容生产者向平台运营者转化。然而，如何科学合理地研发、运用智能化技术，提高人工智能技术的本土化水平，开发满足市场需求的新场景、新模式，确保应用水平与技术本身的发展水平相匹配，始终是媒体智能化转型面临的一大挑战。调查显示，75.3%的受访者认为媒体应对人工智能的挑战最重要的是增强采编队伍技术储备和创新能力，技术基因缺乏成为影响传统媒体人工智能应用

程度与应用效果的重要因素。

首先是技术基础设施不足。智媒化发展对于媒体装备要求越来越高，加之新技术新设备的更新换代周期不断缩短，给传统媒体的技术基础设施配备更新带来压力。调研中，不少媒体从业者认为所在媒体机构的智能化硬件投入有限、设施缺乏，对许多人工智能设备及应用"听说过，没见过"。

其次是核心技术团队力量不足。人工智能在具体应用场景的落地，需要具备一定的本土化开发能力，结合媒体行业自身的痛点难点提出需求，把技术转变为符合媒体特色的应用才是关键。在世界范围内，全球多数新闻机构的人工智能技术应用仍然相对滞后。美国国际记者中心的调研发现，新闻编辑室中技术人员比例仍然偏低，只有5%的职员有技术背景，2%的新闻编辑室会雇用技术人员。据调研，国内媒体当中，互联网技术人员占比也普遍不高，且往往只起到运行维护作用，不具备创新研发能力。

第三，人工智能技术应用水平与创新能力有限。问卷调查中，超四成的受访者认为目前国内传媒业对人工智能技术的应用程度一般。媒体行业运用人工智能，一方面必须依托核心技术，另一方面则要充分考虑与传统媒体业务相结合，开发满足市场需求的新场景、新模式，确保应用水平与技术本身的发展水平相匹配。对于如何更好实现人工智能技术在媒体机构的落地应用，83.1%的受访者认为，媒体机构有必要与外部科技企业及机构合作研发人工智能技术；58.6%的受访者认为，媒体机构有必要自主研发人工智能技术。当前，底层人工智能技术大多由科技企业和研究机构掌握，无论是基于开源程序自主开发智能新闻生产技术工具，还是与第三方智能技术公司合作开发，媒体机构需根据各自资源禀赋选择适合的技术发展路径。

媒体机构与技术公司的合作当中也有一些待解的难题。人工智能的核心技术大多由科技企业提供，媒体机构难以实现技术主导和自我迭代开发。大型媒体机构在与科技公司合作的过程中，充分发挥自身基础数据资源优势,根据媒体需求应用场景,与企业协同培育、开发出具有较强可用性的媒体智能化产品,往往被科技公司打造成熟后广泛应用于其他市场,带来知识产权方面的问题。

四、数据标注成为媒体智能化发展瓶颈

数据是人工智能发展的基础。以"深度学习+大规模数据训练"为主要模式的人工智能系统,需要足量数据、足够的运算资源,才能不断优化性能,具备更加显著的问题解决能力,产生有意义的结果。数据的不完整直接影响算法准确性,因此,提高人工智能的应用水平,大规模、高质量的数据积累必不可少。这意味着人工智能在传媒业的发展水平与媒体机构的数据化程度密切相关,需要整个传媒行业乃至全社会达到一定的数据化水平,构建及维护海量内容的数据库,形成较大规模的数据支撑系统。

媒体机构在内容生产、用户服务的过程中会产生海量的新闻素材数据及用户行为数据,但大量的数据资源并不能直接用于人工智能的算法训练。对于人工智能来说,大部分是对于实际业务毫无意义的"脏数据"(Dirty data),必须要经过"清洗",发现并纠正数据文件中可识别的错误,才能应用于算法训练。

调查数据显示,59.5%的受访者认为,面对人工智能的挑战,要高度重视内容数据化。目前,国内不少媒体已在这方面展开积极尝试,但海量的新闻稿、历史图片、视频数据等数据资源,需要事先进行"数据清洗"(Data cleaning)以及标框工作,才能生成高质量的信息化数据,而数据的清洗整理、加注标引、入库管理需要大量的人力及财力物力去支撑。因此,对于大多数媒体而言,从"数字化"时代进入"数据化"时代,还有很长的路要走,媒体机构在布局人工智能战略之初,就必须注意到数据的重要性,着力构建完备的数据库,打造处理庞大数据系统的能力。

五、智能化发展给形成舆论共识和防止假新闻带来挑战

算法技术在新闻业的应用,无疑具有很大实用价值。当前,推荐算法是国内外大多数新闻 APP 和社交媒体平台使用的主流,提升了新闻生产个性化和新闻推送准确率,带来优质用户体验,也拓展移动新闻资讯平台的渠道价值,改变着产业格局。然而,个性化推荐技术的深度介入与算法过滤,在将人从复杂的信息传播活动中解放出来的同时,也在一步步弱化传统媒体"把关人"的作用。曾经是编辑记者综合"想让你知道的"和"你可能想知道的"去筛选编排信息,如今,随着算法分发机制广泛应用,算法新闻平台上的日活量越来越大,许多媒体机构的新闻生产和分发模式严重依赖新媒体平台对用户相关数据的采集,通过机器学习,抓取和分析用户的年龄、性别、职业、文化水平、收入水平等个人信息,以及阅读时的接触时长、接触频率、接触动机等行为信息,实现对用户的精准画像,筛选推送"你想知道"的信息。

智能推荐基于用户精准画像筛选推送用户喜欢的内容,虽然内容符合个人偏好,却往往不是对客观世界真实完整的描述。这就使得用户陷入长期接收同质化信息的环境之中,不愿或难以获得多元化的信息,导致"信息窄化",形成"信息孤岛"。对整个社会而言,长此以往,在智能生产、智能排序和智能推荐影响下,会减少不同声音之间的碰撞、不同观点之间的交锋,舆论趋于分化、极化、碎片化,导致形成社会共识、增强社会凝聚力的难度加大。

随着人工智能技术的发展,技术滥用误用成本不断降低,虚假文本及音视频成为"新型谣言",并逐渐进入低成本、低技术知识阶段。基于深度学习、虚拟现实等的换脸技术、语音合成技术、视频生成技术大大发展,大量难辨真伪的信息出现。调查结果显示,半数以上(54.5%)受访者认为,假新闻的识别难度加大,是影响人工智能发展的重要问题。传统假新闻尚可通过多种渠道验证真伪,但在人工智能技术"黑箱化"趋势下,信息来源和真伪的判断难度加大。

"眼见为实"在几乎以假乱真的换脸技术面前变得不可靠,公众很容易认为换脸、变声后的虚假内容是真实的,从而造成谣言传播、误解产生、冲突加剧。2017 年,美国社交网站 Reddit 开发的可以视频换脸的"深伪(Deepfake)"技术可以对被模仿者的面部建模,将一个人的脸嫁接到另一个人的身体上,来合成天衣无缝的伪造视频,利用这一技术,普通人经过简单的学习也能制作出真假难辨的换脸视频。在国内,2019 年 9 月,一款名为"ZAO 逢脸造戏"的应用软件将换脸技术的使用门槛大大降低,用户只须下载安装 APP,上传一张照片,就可以在视频模板中一键"换脸",便捷地得到以任何人为主角的小视频。同时,"虚假视频+虚假音频"的融合对于目前的音视频鉴定技术也将是更大的考验。

六、用户数据安全与隐私成为不容回避的伦理风险

基于广泛数据分析的人工智能技术大大增加了公民隐私受侵犯的风险,公共数据的开放能够促进内容生产与传播的便捷性,却也导致个人隐私信息得不到保障。2018 年 3 月,美国社交巨头"脸书(Facebook)"爆发用户数据泄露事件,引发全球对信息安全的关注,由于人为操作,超 5000 万用户的资料数据被非法用于大数据心理分析,甚至被使用到政治活动中。"一切被记录,一切被分析"的数据化时代,在相关技术和设备支持下,数据的采集范围日渐广泛,采集方式日渐隐蔽,个人行为数据被实时采集储存,数据记录功能可以将个人的身份信息、行为信息、位置信息甚至信仰、观念、情感与社交关系等隐私信息永久地记录、保存和呈现,对个人信息的非法使用和采集,对数据来源缺乏安全有效保护,易于造成隐私泄露,出现信息安全问题。

问卷调查结果显示,半数受访者认为隐私保护难度加大,已成为人工智能在传媒业运用中存在的重要问题。在媒体智能化发展进程中,用户在与媒介接触的过程中生成了海量数据,在基于用户个人资料、行为数据提供更精准更优质服务的同时,保障数据安全、尊重用户隐私十分重要,必须时刻关注在保护用户数据方面是否存在漏洞,加强用户隐私保护,落实相应的数据安全策略。

第六章

人工智能时代新闻媒体创新发展的对策与建议

智能时代：媒体重塑
THE UPGRADING OF MEDIA
IN THE AI ERA

第六章 人工智能时代新闻媒体创新发展的对策与建议

人工智能是服务人类、促进人类发展的重要手段之一，已经广泛应用于人类生产生活的多个领域。随着媒体融合发展进入新阶段，人工智能已经不再仅是一种趋势，而是媒体产业变革的重要驱动力，谁在智能化领域占得先机，谁就能掌握媒体变革的主动权。从理论层面看，人工智能在新闻传播领域的应用能够全面提高新闻生产效率、优化信息传播方式、改进民众阅读体验等。从技术发展角度看，目前尚处于"弱人工智能"时期，国内外媒体对人工智能技术的应用更多属于初步探索阶段。人工智能可以几近完美地解决目标明确的简单任务，但并不胜任有创造性的高级任务，一些智能化理念从技术规划设想到真正实践应用还有很长的路要走。目前，国内外传媒业对人工智能技术的应用还不够深化，随着科学技术的不断发展，人工智能将持续推动变革新闻媒体的形态与业态，面对新变化和新态势，我们提出以下对策建议：

一、谋划智能化发展战略，探索技术发展新路径

从报纸到广播，从广播到电视，每一项重大技术的革命都会产生新的新闻业态。从手写稿到用电脑写稿，从胶卷相机到数码相机，每一项重大技术的突破，都会带来新闻业的革命性发展。如今，新闻媒体的发展已从互联网时代步入了人工智能时代，人工智能不断推动着新一轮的媒介技术变革，使得媒体与"智能"的关系日渐密切，以人工智能技术为代表的前沿科技将是未来媒体发展的核心动力。

主流媒体应当根据自身的发展特点和实际情况及早谋划、尽快制定智能化发展战略，抓住人工智能、大数据、云计算、区块链等发展战略机遇，打造新的竞争优势。今日头条、一点资讯等新兴资讯平台虽然不生产内容，但却依托推荐算法和大数据分析强势崛起掌握着主要流量，新技术新应用不仅深刻影响着传媒业的生态格局发展，而且愈发呈现出颠覆产业结构的

力量。相较于新兴媒体平台，传统媒体机构普遍缺乏技术基因，调研发现，超八成受访者认为，尽管研发难度大，但传媒业有必要探索人工智能技术的合理应用，外部合作与自主研发都是可能的两条技术实现路径。

在人工智能时代，具有资源优势的中央级媒体需要进一步发挥引领作用，积极探索技术发展新路径，加大对人工智能的自主研发投入，掌握技术核心，打造智能化、移动化、可视化、社交化等自主可控的新媒体平台；同时，加强与头部科技公司的技术研发合作，拓展前沿技术引进渠道。其他媒体机构应当有选择地走技术自主研发或者技术引进之路，确保在智能化发展浪潮中不落伍、不掉队。

二、转变传统思维观念，顺应智能化发展新趋势

调研访谈和问卷调查结果显示，无论是三大央媒还是地方媒体的编辑记者，对于传媒业发展人工智能的看法千差万别。不少媒体人认为，新闻媒体应当做好报道主业，其他如新技术新应用等方面不宜投入过多精力。实际上，正如互联网对传统媒体带来的冲击一样，无论个人意愿如何，人工智能已经并且将更加深入地影响传媒业的发展变革。

从全球范围看，传统媒体向新媒体的转型并不顺利，传统媒体普遍缺乏技术基因和互联网思维。人工智能技术的不断迭代发展将直接或者间接颠覆媒体转型的传统发展模式，传统媒体机构需要培养新的观念理念顺应智能化发展新趋势，探索新的体制机制、新的组织架构、新的业务流程以及新的人才队伍，进行彻底的智能化转型。传统媒体人需要主动变革，改变旧式的媒体思维，深化对人工智能发展趋势的认识，提高对技术运用与内容创新关系的认知。

随着人工智能技术的不断发展，未来传媒业将迎来更广阔的发展空间，无论是媒体机构还是媒体人，都应当主动革新传统观念理念，不断适应人工智能技术的发展潮流。

三、变革新闻生产体制机制，切实发挥技术引领

随着人工智能等技术的不断发展，新闻生产已经从传统的组织化生产向社会化生产深刻转变，诸多新兴信息聚合类平台的影响力不断增强，主流媒体只有借助新技术新应用充分发挥自身新闻生产专业化、精品化优势，才能真正适应日益激烈的市场竞争环境。

调研结果显示，我国各级主流媒体都已经或多或少地在新闻生产中应用人工智能技术，但更多集中于单个选题策划和某类新闻报道中，并没有形成常态化的工作机制。人工智能技术对新闻生产方式的影响，将直接推动未来媒体的发展。主流媒体的融合发展与智能化创新，不仅是成立新部门、运用新技术，而且要推动媒体资源的全面融合，以核心技术、关键技术为依托再造新闻生产全流程，如人民日报的"中央厨房"、新华社的"智能化编辑部"等都是主流媒体正在进行的有益探索。

人工智能时代，主流媒体不仅要重视技术研发与应用的资金投入，而且要尽快创新变革新闻生产的体制机制，依靠新的制度实现技术与新闻生产各要素的优化整合，更好地吸纳资源、吸引人才，构建管理扁平化、功能集中化、产品全媒化的融合发展体系，真正释放科技潜能、不断激发创新活力、切实发挥技术引领。

四、推动内容智能化创新建设，增强舆论引导力

优质内容是新闻媒体的生命力所在，人工智能等新科技能够推动新闻报道的形式创新、手段创新，但内容创新是根本。无论是媒体融合还是媒体的智能化，其最终目的是生产优质内容、提高自身影响力、提升受众的

认同度。主流媒体在引入并运用新科技的基础上，要进一步推动前沿技术充分赋能内容创新，把内容创新与形式创新有机结合。

传媒业不仅要注重新技术的使用，更要提高内容的深度挖掘和技术对内容表现与传播的适配性，使得新闻内容与前沿技术应用无缝对接。传统媒体应当主动适应智能化、移动化、个性化、数据化发展趋势，加快从内容优势向传播优势拓展，把优质内容与清新表达相结合，把宏大主题与流行元素相结合，把主旋律与微传播相结合，形成主流舆论传播新强势。近年来，人民日报、新华社、中央广播电视总台等纷纷借助人工智能等前沿科技打造了一批精品力作，形成了良好的传播态势。

同时，主流媒体要充分借助人工智能等前沿科技深入研究新媒体传播规律和受众市场，不断改进产品设计、优化产品形态、提高产品质量，打造更多"镇版""刷屏"的现象级产品，形成一批"颜值""气质"俱佳的新媒体品牌，切实增强舆论引导力。

五、全面整合市场资源，推动媒体融合纵深发展

人工智能与5G、大数据、云计算、物联网、区块链等新兴科技产业一同改变着传媒业的发展生态。主流媒体普遍存在技术研发能力有限的短板，需要依靠科技公司的力量才能适应先进技术带来的新变革，如新华社与阿里巴巴的合作、美联社与谷歌的合作等。主流媒体只有不断跨界整合市场中的科技资源与技术力量，在产品融合、终端融合、渠道融合、人员融合等各方面实现跨越式发展，才能在信息市场中重握主动权，逐步构建起合理的信息传播生态圈及价值体系。

科技公司虽然掌握着核心技术，但却缺乏适应媒体需求的应用场景，传媒业与科技产业的合作乃至融合发展实际上是一种双赢的态势，但未来围绕知识产权、核心技术等可能产生新的博弈。主流媒体提供的应用场景和海量数据使得科技公司的技术能力不断完善,继而反哺技术公司得以打造出传媒领域新的市场化产品及平台,但传统媒体却难以真正入局科技产业市场。各大传统媒体在全面整合市场科技资源的同时,可以探索建立媒体联盟机制与科技巨头进行博弈,维护传媒业的共同权益,提高产业核心竞争力。

近年来,头部科技公司依托人工智能等前沿技术构建了开放的媒体智能基础设施、打造了先进的新兴信息聚合平台,已经深度介入新闻传播领域,主流媒体的融合发展往往需要依靠这些设施和平台,成为其进驻"用户",在资源整合与博弈中处于弱势地位。中央级媒体拥有得天独厚的资源优势,必须作为主力军和排头兵积极探索技术资源整合的方式方法、渠道途径及发展道路,充分发挥科技赋能效应,推动媒体融合纵深发展。

六、重视挖掘数据价值,重塑传媒业核心竞争力

主流媒体在长期发展过程中积累了大量丰富宝贵的采编资源,为其不断提高报道质量、有效履行职能发挥了重要作用。但同时,数据的质量和数量直接决定了人工智能技术的可用性,有效数据的缺失严重制约媒体智能化水平。

主流媒体要创新研发数据产品和制作工具,促进新闻组图、数据图表、动新闻等可视化产品供给;要充分挖掘数据价值,探索打造一体化大数据管理体系,利用先进算法和算力,实现数据资源的整合共享、数据标引、数据清洗、人工智能训练以及结构化存储等;要探索建立传统主流媒体特有数据生态,将大数据分析能力融入新闻生产采、编、发、供等各个环节,使新闻生产流程从基于经验升级至基于数据,打造数据驱动的媒体。

目前,美联社、路透社等已经基本完成了对新闻资源的数据化管理。在我国,新华社、中央广播电视总台等也在积极推动大数据智能标引平台

的建设工作，通过对数据资源的标引，挖掘数据内在价值，实现多媒体新闻、用户数据结构化，将繁杂的内容标签化、精细化，使机器"更懂"新闻内容、"更懂"用户。

七、打造智媒体新型团队，培育全媒化人才队伍

随着科学技术的不断发展，对媒体从业人员的技能水平有了新的更高要求。智能媒体需要匹配"智能+"的编辑记者，未来的新闻人才队伍应当是复合型的，既需要复合型的个人，更需要复合型的团队，"全媒体编辑记者+人工智能工程师"将成为可能。

在人工智能时代，主流媒体的转型发展首先需要建立一支技术复合型的媒体队伍，加强技术性媒体人才储备。目前，高校和媒体的人才培养、人才培训等尚不能满足传媒业未来全媒化、智能化的发展要求，高校新闻专业教育与传媒业务实际需要不匹配、主流媒体内部人员培训与科技发展态势不匹配。建议高校新闻教育与媒体业务实践统筹协调、有机结合，科学制定传媒人才培养发展的整体规划；主流媒体要不断加强采编人员的智能技术培训，提升采编人员之间、人机之间的协同创新能力。

主流媒体应当改变人员招聘重采编、轻技术的现状，加大智能技术人才的选聘力度；同时，积极探索专家型编辑记者培养与融合报道能力提升的有机结合，构建专业型和全媒型人才成长的"双路径"。

八、探索法律伦理规约，确保人工智能可管可控

随着智能技术与传媒业的深度融合，将产生诸多新型媒介伦理问题，如公众隐私权更易受到侵害、智能推荐使人类陷入"信息茧房"、算法"黑箱"难以有效监管等。传媒业在开展人工智能的研发和应用时，需要牢牢把握以人类价值观为导向的方法论,充分考虑人的良知和情感,避免出现安全失控、法律失准、伦理失常等问题,如当前各大新媒体资讯平台需要不断完善算法推荐机制以确保舆论安全等。

目前,人类工程师能够较好控制传媒业普遍应用的"弱人工智能"技术,但随着科技的发展,人工智能的能力将不断增强,必须从法律法规层面制定符合媒介伦理的规则和标准,防范技术失控、确保用户隐私、保证所有人工智能产品皆可溯源,使人工智能既要具备"智慧"又要确保其"善用"。

必须确保人类在传媒业人工智能系统运行中的主体地位。无论是传统媒体还是新兴媒体,都应当将人工智能技术视作辅助手段而不是主导力量,编辑记者应该保持充分有效的自主决策能力,在运用智能技术时既要发挥"能",又要重视"智"的问题,对智能化系统运行的全流程进行有效的管理监督。

人工智能时代
媒体发展趋势与展望

智能时代：媒体重塑
THE UPGRADING OF MEDIA IN THE AI ERA

目前，人工智能对传媒业产生深刻影响，从内容生产自动化，到智能分发精准化，再到内容形态多样化和运营管理系统化，其业务流程和生态体系发生着翻天覆地的变化。未来将呈现以下趋势。

一、主流媒体加速融合发展及智能化进程

人工智能在媒体融合发展中的效应，一方面在于提高媒体全要素生产率。主流媒体沉睡的数据将被唤醒，业务的流程将被重塑，信息采集力、智能加工力、信息整合力、核查与判断力、协同力等全面增强。另一方面，人工智能将推动主流媒体更好发挥在国家治理体系现代化中的作用。通过把公共信息和服务资源纳入其中，使其平台化、入口化，进一步上下、左右打通，构建共享、共建的智能化新型主流媒体平台，打造公共信息服务的智能媒体矩阵，或是传统媒体融合发展的重要方向。

二、新媒体业态将不断涌现

人工智能、5G等新技术将把现实世界以数字的方式带入每个人、每个家庭、每个组织，形成一个全移动和全连接的智能社会，社会治理、社会关系、人际互动和生活方式都会发生巨大变化。万物皆媒、万物互联、万众创作，带来的是信息的来源、规模、品类、形态的极大丰富和无限扩张。传媒业态和内容样态逐渐增多，"四全媒体"内涵和外延都将继续扩展，新平台、新终端、新交互工具不断演化迭代，机器人新闻、传感器新闻、区块链新闻等新闻品类将蓬勃发展。

三、行业巨头愈发重视关键核心技术的研发

当前人工智能发展得益于算法、数据和算力三要素的进展。随着算法模型持续优化、数据深度积累、计算能力日新月异,人工智能技术将获得更快速全面的发展和应用。下一步科技公司技术研发将致力于专用芯片、算法平台和垂直数据为重点的人工智能生态体系,"数据+平台"的云服务模式将逐渐深化,人工智能基础服务提供商不断积累数据,提供更优质的服务;通过基于机器学习、深度学习体系的优化、基于脑科学研究的类脑智能、基于脑机接口的混合智能等多种技术路径,推动人工智能质的飞越。主流媒体将着力解决数据标准不统一、历史数据质量差等问题,逐渐向人工与自动标注结合的方式转换,不断加大自动标注在整个标注环节中的比例;在此基础上,通过自主研发和外部合作,人工智能将逐渐覆盖新闻生产传播全链条,为解决采编审发、版权保护、盈利模式等痛点提供有效路径。

四、主流媒体集团与头部科技公司越来越强大

随着技术在新闻传播实践中的作用增大,媒介组织形态将出现新的分化、组合。主流媒体集团和头部科技公司拥有资本优势、市场优势,并掌握着人工智能所需要的大数据、大算力等技术资源,具备更强的资源吸附能力,在传媒业中起到技术引领作用。一部分传媒机构因技术、资本、市场等实力较弱且缺乏转型动能,越来越不适应新业态竞争,逐渐边缘化甚至消亡。一部分传媒机构重新调整定位和战略,逐渐进入长尾市场,以头部媒体和科技公司为技术支撑,并为其提供相关外包服务或以垂直领域的内容和数据反哺。

五、人机深度融合成为提升新闻工作者"四力"的未来常态

传媒领域人机融合、人机协同是大势所趋。人工智能将更深入全面地介入媒体信息采集、内容生产、分发反馈等各个环节，机器人写作、大数据挖掘、无人机和卫星等应用将为新闻工作者延伸"脚力"、提升"眼力"、增强"脑力"、创新"笔力"开辟新空间，推动新闻工作提升生产力、开拓新领域、达到新高度。人工智能应用模式将从组织层面和项目层面走向个体化、常态化，逐渐像今天的办公软件一样普遍。新闻编辑室中人工智能专家从后台支持走向决策前台，与传统的媒体总编辑之间强强联合。"科技赋能＋人文赋能"成为人机融合的新基点，机器智能是"工具理性"的体现，而人要更体现"价值理性"的温度与坚守。

六、媒体专业界限更加宽泛

技术赋能以及社会数据化消解了传媒业原有的边界，逐渐构建起一个新的生态产业和传播方式。以技术为驱动、以场景为锚点的各类资讯类平台和非资讯类平台，都成为重要的流量和用户的入口、信息和数据的"出口"，MGC、UGC、PUGC等新内容业态蓬勃发展，使得记者和编辑的角色边界更加宽泛，算法和用户在传播体系中的权重越来越大。未来，专业人才和普通用户的媒介素养将深度重构，传统的文科专业为主的体系将持续调整，人文艺术与统计学、计算机科学、神经科学等相结合的跨专业、复合型特征更为凸显，算法工程师、生物工程师将更深入广泛地融入传媒业。

七、智媒体将提供更有温度的产品服务

情感分析技术将计算机视觉、深度神经网络、生物识别传感器和语音/文本分析相结合，以捕捉客户体验和欺诈检测中的人类情感，从而训练系统对这些情绪进行相应的分析、处理和响应。随着情感分析技术从实验阶段转向更多的商业化应用，媒体将能够通过面部表情、肢体语言、语音和文本表达等多种模式，更好地感知受众的情绪变化，结合用户喜悦、悲伤等不同的情感状态，推送更贴近用户心境的新闻信息产品，同时更准确地研判大众对于社会热点事件的情绪反应和舆论走向，推动舆情研究和舆论引导的科学化、智能化。

八、音视频生产消费将迎来全方位升级

以认知计算、语音交互等人工智能技术运用为支撑，音视频内容的生产消费正面临巨变。在生产方面，智能语音合成、视频自动剪辑、文图脚本生成视频等都已不再是梦想，人工智能技术的发展将进一步提升音视频内容的生产效率、拓展创新创意的空间。在消费方面，随着智能音箱、镜子等智能家居设备，智能手环、手表等智能可穿戴设备以及智能电梯屏等户外智能屏幕的不断发展，基于不同场景的音视频内容消费将呈现爆发式增长。一方面，短视频在突发事件、知识技能、休闲趣味等内容方面继续保持着对用户的吸引力；另一方面，随着智能终端设备之间互联互通、多屏联动能力的增强，高清、高品质的中长视频的消费需求将持续旺盛。值得注意的是，语音交互技术带来人机交互界面的重塑，音频内容正在成为"万物互联"的智媒时代重要的内容形式，帮助媒体开拓新的流量入口。

九、传媒业版权保护的意识与能力将不断增强

随着互联网的快速发展，一批依托人工智能等新技术迅速崛起的信息聚合平台不断占据着用户市场与流量，这些商业化平台并不生产新闻产品，而是以转载、转发主流媒体等的内容为主要生存手段之一，却收获了巨大的经济利益。面对日益激烈的市场竞争，内容生产者的版权意识进一步增强。同时，随着人工智能与区块链技术的不断进步和综合应用，高效率、低成本地完成对新闻内容的追踪、记录和反馈将成为可能。未来，人工智能等前沿技术将进一步助力解决版权保护问题，提供内容变现、盈利模式创新的智能化技术支撑，将催生传媒版权领域的新规则与新生态。

第二部分

案例分析

媒体篇

案例

新华社智能化编辑部
重塑采编流程　提高生产效率

智能时代：媒体重塑
THE UPGRADING OF MEDIA
IN THE AI ERA

人工智能是引领新一轮科技革命和产业变革的重要驱动力。谁在智能化领域占得先机，谁就能掌握媒体变革的主动权。近年来，新华社持续追踪人工智能技术前沿成果，创造性地研发新闻应用场景，初步形成全流程技术创新体系，包括智能技术体系、智能产品体系、智能硬件体系、数据支撑体系和机制制度体系。2019年12月12日，新华社智能化编辑部正式建成并投入使用，开启了一场新闻生产与传播的智慧革命，占据了全球媒体创新的制高点。

一、产品形态及核心技术

智能化编辑部是新华社落实习近平总书记要求、加快建设国际一流的新型世界性通讯社、全面提升全媒编辑能力的重要抓手，也是推动媒体融合向纵深发展的关键举措。

智能化编辑部在新华社新媒体中心试点建设，它以人工智能技术为基础，以人机协作为特征，对新闻生产进行全环节、全流程、全系统再造，旨在大幅提高新媒体产品创意创新能力和生产传播效率。

新华社智能化编辑部将人工智能技术引入新闻生产，依托"媒体大脑"、AI合成主播、时政动漫短视频平台等核心产品，引领了传媒产业的智能化进程。

1. 媒体大脑

2017年12月，新华社推出国内第一个智能化媒体生产平台"媒体大脑"并生产了第一条MGC（机器生产内容）视频新闻，受到业界广泛关注。2018年12月，"媒体大脑"发布新版本"MAGIC短视频智能生产平台"（magic.shuwen.com），MAGIC的名字由MGC（机器生产内容）和AI（人工智能）组成，平台集纳了自然语言处理、计算机视觉、音频语义理解等多项人工智能技术,将人工智能引入新闻全链路,着力采集、生产、分发端创新,帮助用户高效完成短视频内容创作。MAGIC 平台结合对媒体场景的深度理解,利用大数据处理、人脸识别、语音识别等智能技术,对非结构化的文本、图片、视频等媒资数据进行处理,建立高度智能化、标签化的媒资平台。2019 年 11 月,"媒体大脑 3.0 融媒中心智能化解决方案"发布,成为国内第一个面向融媒中心的智能化解决方案。

"媒体大脑"还推出"AI 洞见"系列方案,用新闻算法计算新闻数据。"AI 洞见"的实践源自 2018 年世界杯,初衷是利用人工智能技术智能地理解内容,实时捕捉球场上的精彩瞬间,为受众提供有人工智能增强现实辅助的实时回放体验。在世界杯期间,"AI 洞见"实时全自动识别并提取射门镜头,通过可视化效果剖析球场态势,大幅提高球场高光视频的制作效率和质量。

2. AI 合成主播

在 2018 年的世界互联网大会上,新华社发布了全球首个 AI 合成主播。只要输入文本,合成主播就能 24 小时不眠不休地自动播报新闻。AI 合成主播是在"分身"技术的支持下,通过人脸关键点检测、人脸特征提取、人脸重构、唇语识别、情感迁移等多项前沿技术,结合语音、图像等多模态信息进行联合建模训练后,生成与真人无异的 AI 分身模型。该项技术能够将所输入的中英文文本自动生成相应内容的视频,并确保视频中音频和表情、唇动保持自然一致,展现与真人主播无异的信息传达效果。

3. 时政动漫短视频平台

新华社具有自主知识产权的时政动漫短视频平台,其核心技术集中在三个方面:一是 AUTODRAW 技术,应用在平台的手绘识别、智能优化、智能生成方面;二是 MG 动画(Motion Graphics,图形动画)和手绘文字动画技术,使平台支持手绘SVG(Scalable Vector Graphics,可缩放矢量图形)、MG动画应用;三是智能语音合成、文字转语音等技术,帮助实现动漫短视频的快速配音。

二、应用场景

新华社智能化编辑部的生产流程贯穿着"人机协作、以人为主"的理念,编辑部在"智能采集 – 智能加工 – 产品 – 智能审核 – 智能分发 – 智能反馈"的全环节、全链条中充分运用人工智能技术,全方位提升了新闻生产和信息传播的效率。

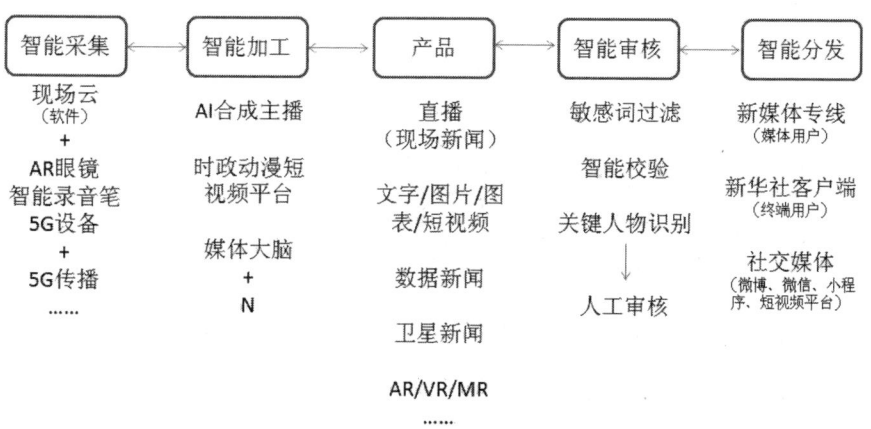

新华社智能化编辑部生产流程

1. 智能采集

在采集环节,智能化编辑部利用"媒体大脑"摄像头新闻机器人和"鹰眼"智能监测系统,能够超早期记录突发事件、发现新闻热点;记者应用"现场云"移动采集系统和智能手机、AR智能眼镜、智能录音笔等智能硬件随时发起"现场新闻"全息直播,并同步采集文字、图片、短视频等全媒体形态新闻素材。

"现场云"是新华社旗下的全国服务平台，旨在与国内媒体共享成熟的"现场新闻"直播态产品，为国内媒体提供融合发展"一站式"整体解决方案。通过"现场云"系统，记者只需一台手机就可实现素材采集和同步回传，后方编辑部可实时进行在线编辑和播发，从而大大增强报道的全时性和即时性。

2019年全国两会上，新华社新媒体中心为记者们配备了直播报道的"利器"——"智慧眼"以及"全能耳"。"智慧眼"是智能AR直播眼镜，戴上直播眼镜，记者的眼睛就变成摄像机，"看"到的景象通过新华社客户端"现场新闻"就能直播给网友，宛若"身临其境"。此外，它还具有独特的人脸识别技术，能实时提供眼前人物的身份信息。"全能耳"是集速记、同传、对话翻译于一体的便携式智能硬件设备，借助"全能耳"智能录音笔，采访的文字可以实时传回后方编辑部，实现即传即编即发。这些智能装备不仅为记者赋能，也拓展了融媒产品的边界。

2. 智能加工

在生产环节，智能化编辑部利用"媒体大脑"、AI合成主播、时政动漫平台等智能化工具和平台，对新闻素材进行自动分类和标引，智能化生产文字、图片、AI主播视频、短视频、地图新闻、数据新闻、卫星新闻、VR、AR、MR等30余个品类的全媒体产品。全程人机协作，人工审签。

在2018年的世界互联网大会上，新华社发布了全球首个AI合成主播"新小浩"。这个栩栩如生的仿真数字播报员其背后是语音合成、唇语合成、表情合成和动作合成等四项人工智能核心技术的综合运用。经过一段时间的深度学习和进化，2019年2月19日，新华社发布了站立式AI合成主播和他的新搭档——合成女主播"新小萌"。2019年6月，新华社与塔斯社合作推出了俄文AI合成主播"丽莎（Lisa）"，AI合成主播亮相第六届世界通讯社大会人工智能专题会,引起与会者热烈讨论。

如果说AI合成主播的功用集中在播报环节,"媒体大脑"则全方位赋能新闻生产。"媒体大脑"融合了云计算、物联网、大数据、人工智能等多项技术,为媒体机构提供线索发现、素材采集、编辑生产、分发传播、反馈监测等服务,使新闻场景下的应用和服务更加智能化。2018年两会,升级版的"媒体大脑"推出了9期数据可视化视频产品,通过多渠道采集数据、大数据挖掘信息、机器算法解析,带给受众全新视角和阅读体验。2018年世界杯,新华社"媒体大脑"31天生产短视频3.7万条,最快一条视频生产仅耗时6秒,大幅提升了短视频产品生产的效能。2019年全国两会期间,"媒体大脑"推出的《一杯茶的工夫读完6年政府工作报告,AI看出了啥奥妙》,对6年来政府工作报告中的数据进行横纵向的精确智能化对比解析,在大数据新闻中脱颖而出。

智能化编辑部还研发推出新华社具有自主知识产权的时政动漫短视频制作平台,在智能化视频生产方面迈出了坚实的步伐。平台的核心功能在于,编辑记者可以依靠系统中的动画制作模板,像做PPT一样快速高效地生产动画短视频。平台引入了全球领先的AI智能绘画技术、AI智能语音合成技术以及MG(Motion Graphics,动态图形)动画技术,让动漫短视频的制作更顺畅、传播更生动。未来,新华社还将探索推出网页端和移动端同时操作的生产系统,使新媒体动画的制作更加"随时随地随身",更贴合新闻生产轻巧化的使用需求。

3. 产品

在智能化的新闻信息采集和加工制作基础上,新华社智能编辑部推出众多"科技感"十足的新闻产品,如直播态的"现场新闻"、文字/图片/图表、短视频,以及数据新闻、卫星新闻、AR/VR/MR新闻等。

以卫星新闻为例,新中国成立70周年之际,新华社重磅推出《60万米高空看中国》系列可视化产品,系列报道综合运用遥感卫星影像、航拍、实景拍摄等方式,进行视频混剪、特效渲染、后期包装制作,打造成3分钟左右的短视频,立体化、全方位地展现出多个省份沧海桑田的变迁发展,带领受众领略来自"太空视角"的大美中国,短视频总浏览量超过2亿。新华社首创的"卫星新闻"样态以鲜明的特点助推了刷屏效果的实现。

基于智能化图形识别、VR、AR等技术,新华社智能化编辑部还推出了视觉冲击力大、交互性强的系列虚拟现实报道。如献礼改革开放40周年的策划《AR新闻丨天地工程》等产品,打破了真实与虚拟之间的界限,创造出一个具有沉浸性和交互性的3D环境,让观众在看新闻时体会身临其境之感。

4. 智能审核

在审核环节,智能化编辑部加大了对非结构化数据的识别,通过敏感词过滤、智能校验、关键人物识别等技术辅助人工审核工作,能够极大地提升审核效率、减少内容差错,有力保障了信息传播的安全、准确。

5. 智能分发

在分发环节,智能化编辑部面向新华社的媒体用户和新华社客户端等终端受众,基于用户画像技术,实现对象化精准推送。智能化编辑部的智能分发系统能够实现稿件内容的"一次采集、N次加工、多元发布",将新闻信息产品分送至新华社新媒体专线、新华社客户端、社交媒体(微博、微信、小程序、短视频平台)等端口,让新闻生产通过智能化创新,提速、提量、提质、提效,打通了在线新闻生产的"最后一公里"。

此外,依托智能版权评价系统和区块链技术,智能化编辑部将实现传播效果的精准评估。

三、用户体验与市场反应

在试点基础上,智能化编辑部系列成果已开始更大范围辐射应用,并迭代升级。编辑记者表示,在智能系统助力下,生产效率可提升3—5倍,节省了大量时间和精力,从而更多地投入创意创新。

经过实战的初步检验,新华社智能化编辑部显示出强大的生命力,影响力也在不断充实和壮大中显现。在中国传媒年会上,专家认为:"建设智能化编辑部是新华社贯彻落实习近平总书记系列重要讲话精神,着力加强传播手段和话语方式创新的重要举措。在推动媒体深度融合方面具有前瞻性、引领性意义,在世界范围内为应用人工智能推动媒体变革提供了宝贵范例。"

传媒产业的智能化进程中,新华社发挥了"急先锋"的作用,智能化编辑部通过实践探索与合作研发,率先将人工智能技术在新闻生产及传播领域落地,并且通过技术输出赋能其他媒体、党政机关、企事业单位,助力其轻松迈入智能时代,有力推动媒体融合向纵深发展,创新引领了国内外传媒业的智能化创新。"媒体大脑3.0"方案已在江西省融媒体中心、齐鲁智慧媒体云等平台落地,并在不断迭代完善中。"现场云"目前已有入驻机构用户3600多家,成为国内最大的原创直播新闻在线生产平台。新华社AI合成主播的问世让世界媒体惊呼人工智能时代真的来了,路透社、美国国家公共电台、今日俄罗斯电视台等国外媒体均进行了关注报道。

四、风险挑战及应对

新华社智能编辑部的试点获得广泛关注和赞誉,在运用智能技术推动新闻业发展方面,一些做法有效避免了可能存在的风险。

首先是人机协作,"人机协作"中居于主导地位的仍然是人。"智能化编辑部"不是"智能编辑部","智能化编辑部"强调的是人机协作。这是智能化编辑部建设过程中始终强调的一个重要原则。建设智能化编辑部并不意味着把所有工作都交给机器来做,要强化人的把关作用,将正确导向融入算法模型、产品生成、稿件推送,让先进技术更好地服务于主流思想舆论的壮大。在媒体智能化发展中,要准确把握人机协作的基本特征,充分认识人是主导、"机"是辅助、算法也有导向,采编人员是人机协作的主体、主力和主角,只有他们转变观念、拥抱变化、主动适应,融合发展才不会走偏,才能取得实效。要特别注意在新闻产品的创意、把关、情感等方面发挥编辑记者的创作优势,避免"技术至上论"的认知误区。

第二,智能化编辑部在重视技术研发的同时,重视组织形态的同步变革。在大步推进技术革新的同时,智能化编辑部正同步探索重塑适应融合发展的"编辑部"生产流程、组织架构和机制制度。要结合智能化编辑部建设,根据业务需求调整岗位设置,探索设立新闻算法师、智能数据师等新型岗位,整体上形成扁平化的生产组织架构,充分发挥新闻从业者的积极性和创造性。

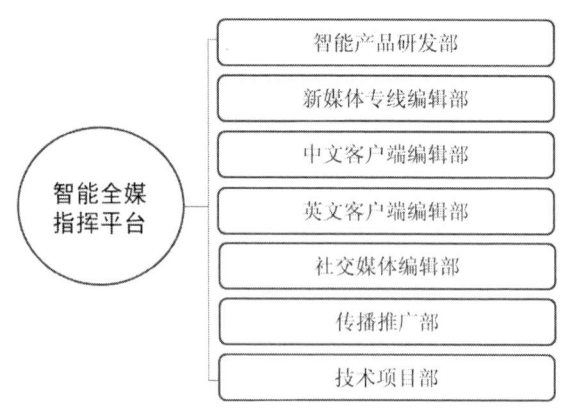

新华社智能化编辑部组织架构

第三,稳步探索将智能化编辑部的试点成功经验放大,有力牵引新华社传统采编体系、新媒体终端、报刊等其他编辑部门的系统化创新。尝试打破传统的刚性组织结构,赋予组织和人才更多共融共生的机会,为创新、合作提供更多可能,快速应对外部的竞争和变革。

五、前景与趋势

随着"媒体大脑"、AI 合成主播等不断更新迭代,新华社智能化编辑部投入运行,一场影响广泛而深刻的媒体变革,正在新华社由点到面、由局部到整体全面推开。

1. 智能化编辑部助推新华社智能生产加工能力进一步增强

近年来,新华社在人工智能领域积极探索,积累了不少有益经验。新华社 2015 年就推出了可以批量编写新闻的写作机器人"快笔小新";之后,又组建了覆盖全国的新闻无人机队,搭建了拥有一流设备的媒体创意工场;2017 年,新华社又推出国内第一个智能化媒体生产平台"媒体大脑"。相比文本智能写作,图像、音频的智能化识别、生产与编辑,运用的智能技术更为前沿、复杂。如果说"快笔小新"为代表的智能化写作是智能生产的 1.0 时代,"媒体大脑"、现场云、时政动漫短视频平台等成功研发与投入使用,显示新华社正向智能生产的 2.0 时代进阶。

2. 智能化编辑部破解新技术条件下采集力与编辑力不匹配问题

5G、AI 等新技术的发展,加速消融传媒的边界,万物互联正成为现实。前端移动采编技术的日趋成熟,以及物联网条件下视频素材的极大丰富,必须与后端人工智能和大数据技术对内容的挑选、剪辑和分发相匹配。智能化编辑部将新华社散在的智能化创新进行了集纳,在一定程度上破解了编辑力不足的问题,提升了采编分发效率,并努力实现传播效果的最大化、精准化。

3. 智能化编辑部通过外部合作方式实现创新共赢、融合共生

新华社正以"融合共生"的开放态度，与外部技术企业互通共融，实现各种资源、生产要素的有效整合。新华社、阿里巴巴联手打造的新华智云公司，研发推出"媒体大脑"，它是媒体人和工程师的完美融合，也是新技术与传统技术的完美融合。AI 合成主播的开发过程中，搜狗公司的技术人员同新华社的新闻主播一同进行了各种探索尝试。时政动漫短视频平台是新华社新媒体中心与国内领先的手绘视频软件开发企业来画合作，并取得自主知识产权的成果。新华社将继续运用人工智能技术催化融合质变，放大一体效能，积极打造具有强大影响力、竞争力的新型主流媒体，并赋能各类媒体用户，推动媒体融合向纵深发展。

中央广播电视总台"央视频"
打造有品质的视频社交

智能时代：媒体重塑
THE UPGRADING OF MEDIA IN THE AI ERA

案例　中央广播电视总台"央视频"：打造有品质的视频社交

2019年11月20日，中央广播电视总台"央视频"5G新媒体平台正式上线。这是中央广播电视总台基于"5G+4K/8K+AI"等新技术全新打造的综合性视听新媒体旗舰，标志着中央广播电视总台媒体融合迈出关键性步伐。

一、产品形态及核心技术

"央视频"聚合中央广播电视总台海量节目资源，轻松实现手机刷视频、看电视、观直播；携手广大创作者建设账号森林，开创泛文体、泛资讯、泛知识的"精彩视界"。打造一款全民型、有品质的视频社交媒体平台。"央视频"背靠中央广播电视总台强大的内容生产能力，打造品质内容和强大IP。

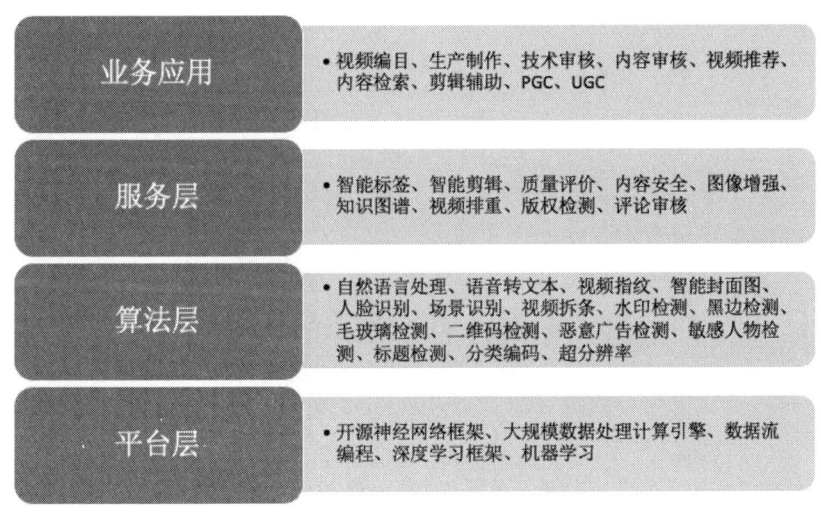

"央视频"AI中台架构图

"央视频"的技术核心为AI中台，旨在为前台、视频中台、数据中台提供各种智能化生产能力和机器训练学习能力。目前，"央视频"AI中台拥有智能标签、视频理解、智能剪辑、安全审核、质量检测、画质提升等能力，打造了较为全面的技术体系架构，贯穿5G新媒体内容转码、制作、审核、标准化和客户端呈现的全生命周期，为"央视频"规模化、精细化、智能化的内容生产传播提供了重要技术支撑。

二、应用场景

"央视频"在技术架构上采用先进的"大中台+小前台"设计，通过云服务打通传统媒体生产环节和物理空间，彻底从技术上、流程上实现了从内容数据到用户数据的共享分享、互联互通。"央视频"的AI中台主要在内容理解、内容安全、基础能力、转码增强等四个场景中应用。

在内容理解方面，AI中台为"央视频"提供了诸多实用性功能，大幅提高编辑记者制作视频的工作能力和效率，如通过对视频内容的理解自动匹配封面图、对重复上传待发的视频进行筛查提醒、自动化智能剪辑视频、视频自动拆条等。此外，AI中台通过对视频内容的智能化分析，能够完成对视频质量的检测、视频版权的检测等复杂性工作，提高了"央视频"对于海量视频数据库的管理效率。

在内容安全方面，AI中台充当着"央视频"安全风险的首道"把关人"，并在不断学习海量数据，进一步优化提升其智能化水平及安全防控能力。目前AI中台为"央视频"提供了图像检测、标题检测、语音检测、广告检测等功能，能够以较高的准确率识别出视频中出现的色情图像、暴力恐怖图像、脏话粗话、不规范的标题、恶意广告、敏感人物等，第一时间进行智能化过滤并反馈给编辑进行人工处理。

在基础能力方面，AI中台为"央视频"提供一些底层必备的基础能力，而这些智能化应用实际上在中央广播电视总台的多个视频生产全流程都有所应用，如在生产环节能够智能识别出视频中的字幕、自动将语音转成文本；在编辑环节能够添加和识别视频指纹等；在分发环节能够根据用户的偏好和阅读习惯进行个性化推荐等。

在转码增强方面，AI中台针对"央视频"的特点和中央广播电视总台的业务需求进行了短视频转码增强的专项技术研发。目前市场上的各大短视频平台及新闻资讯类平台虽然都支持投屏功能，但是基于移动端制作的短视频如果投射至大屏，纯物理放大会导致清晰度和分辨率的失真，影响受众的观看体验。"央视频"借助AI中台的技术能力，创新实现了对短视频分辨率的智能化提升，使得受众获得真正的高清投屏体验。

三、用户体验与市场反馈

"央视频"在多个方面实现了创新和突破。"央视频"采用大中台（5G新媒体平台）+小前台（央视频平台）设计，可全方位统筹协调总台所有节目资源，让每个人、每个栏目、每个频道每时每刻都在参与新媒体内容的创作传播。在定位上，"央视频"定位为有品质的视频社交媒体，打破传统单一的发布模式，将总台既有的视频优势与用户喜爱的社交方式相结合，成为主流媒体中首个"视频社交媒体"。在形态上，"央视频"以短视频为主，兼顾长视频和移动直播，具有独特的"以短带长""直播点播关联"等功能，并可实现4K投屏观看，为用户带来全新震撼视听体验。

强大电视直播工具
全面汇聚央视、卫视频道，您的专属掌上电视

全面聚合高清资源
4K高清电视投屏，极致专享效果

现场直播视听盛宴
多视角、VR直播体验，亲临现场的感官体验

个性推荐快捷搜索
了解您的喜好，提供优质推荐

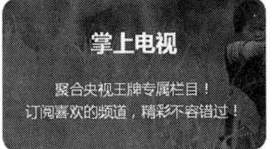
掌上电视
聚合央视王牌专属栏目！订阅喜欢的频道，精彩不容错过！

独家直播
央视旗下权威直播工具！体育赛事、民生动态，了解精彩世界！

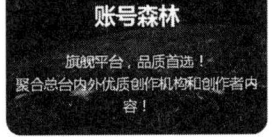
账号森林
旗舰平台，品质首选！聚合总台内外优质创作机构和创作者内容！

"央视频"产品特性

在内容上,"央视频"一举改变了过去传统电视频道、栏目的结构逻辑,聚焦泛文体、泛资讯、泛知识三大品类,以账号体系为内容聚合逻辑,连接撬动总台长期积累沉淀的优质资源和各类社会头部创作力量,以开放共建的姿态实现优质社会资源整合,共同打造总台的新媒体新平台。

四、风险挑战及应对

目前,"央视频"的 AI 中台集合了多种能力,在 5G、大数据、云计算等的加持下能够实现多种功能,大大提高了节目生产效率。但从实际操作层面看,人工智能技术更多是一种辅助性的工具,而且需要针对不同的应用场景进行重新定制化研发,例如同为体育类节目,在足球节目中应用的 AI 算法就不适用于篮球节目,需要重新投入资金和人力。同时,鉴于 AI 识别的成功率并不是 100%,"央视频"AI 中台的机器学习还需要海量数据进行不断的补充和完善,如即使对于技术相对成熟的智能语音转写,也仅在特定的节目类型如在对新闻节目的识别中,其准确率才略高于人工听写,但在体育、综艺、电视剧等节目的识别中,智能语音虽然用时较短,但其准确率要低于人工听写,相关应用更多体现为对人工操作的参考价值。另外,在电视领域的视频内容审核方面,AI 技术的应用在提高工作效率的同时也带来了一定的安全隐患。目前,"央视频"的内容审核流程为,由 AI 机器首先识别危险内容并进行标记,然后所有的待编发内容都交由后方编辑人工审核,人工智能技术并不能完全替代人工。此外,AI 研发领域的高投入与低产出也对"央视频"的持续发展带来一定的挑战。

五、前景与趋势

2019 年 5 月,央视频融媒体发展有限公司成立,中央电视台占股

90%，央视国际网络有限公司（央视网）占股10%，该公司将全权负责"央视频"的研发、运营及维护。"央视频"代表着短视频行业的国家队进入市场，将与人工智能技术加持的抖音、快手同台竞争。中央广播电视总台把"央视频"打造成主流媒体与广大用户的连接者、互联网新技术的引领者、主流价值的传播者，旨在更好地推动主流价值实现创造性转化和创新性发展。

从某种程度上看，"央视频"开辟了主流媒体与互联网资本市场、内容市场的直通车，以开放包容连接的格局，将社会力量、社会资源化为自身能量，从而创造新的生产力。"央视频"聚焦泛文体、泛资讯、泛知识三大品类，在形态上以短视频为主，兼顾长视频，具有独特的"以短带长""点播关联"功能，并可实现4K/8K内容投屏观看，汇集全国"有品质的短视频内容"，聚合社会机构和专业及准专业创作者的优质账号，打造独特的"账号森林"体系和传播生态，逐步实现从"做内容"向"做生态"进化。

目前，中国网民规模已达8.54亿，手机网民占比达99.1%，移动端成为主流选择。随着5G的大规模商用，广大群众可以更便捷地阅读体验短视频内容。中央广播电视总台以"央视频"上线为契机，着力打造自主可控、具有强大影响力的新媒体平台，而"央视频"也将为短视频内容注入更多有影响力并且有引领性的内容和形式，在运行中，如果遵循传播规律、社会发展规律及互联网发展规律，提供更多老百姓关注喜欢的内容，将会释放出巨大能量。

人民网舆情数据中心

数据赋能,让舆情服务拥有更广阔的想象空间

智能时代:媒体重塑
THE UPGRADING OF MEDIA IN THE AI ERA

案例 人民网舆情数据中心：数据赋能，让舆情服务拥有更广阔的想象空间

随着移动互联时代的全面到来，网络媒体、社交媒体、移动端等新媒体逐渐成为信息传播、舆情聚发的主要表达平台，也是政府和企业收集舆情、了解民意的最重要渠道之一。

舆情是互联网时代的产物，媒体开展舆情分析已有10多年的时间。近年来，大数据、人工智能技术不断渗透到社会生活的方方面面，也给网络舆情的监测、研判、分析等提供了新的技术手段和观念维度。在网络舆情监测和分析服务方面，人民网舆情数据中心是国内起步较早、产业链及业务较全的舆情服务机构和信息增值服务机构，在我国舆情行业具有影响力和代表性。

一、人民网舆情数据中心发展轨迹

自2006年起，人民日报社所属的有关机构就开始逐步探索网络舆情研究，并于2008年正式组建人民网舆情监测室，次年成立北京人民在线网络有限公司，进行一体化运作，2017年改名为人民网舆情数据中心。

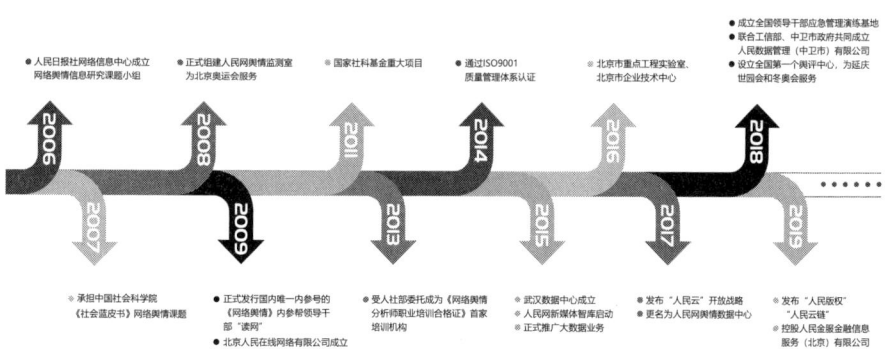

人民网舆情数据中心发展历程

人民网舆情数据中心的发展历经三个阶段：早期以舆情知识普及、提供专业分析报告为主，中期推出服务于多个行业数百家客户的一整套舆情

解决方案，开拓出舆情产业。随着互联网进入大数据时代，以及个人、企业、政府的决策由经验驱动转换到数据驱动的变化，人民网舆情数据中心舆情服务的专业性不断升级，进入到数据与智库相结合的智能舆情阶段。

二、核心产品及其功能

人民网舆情数据中心在产业化的进程中专注社会评价科技，以舆情大数据相关技术为基础，逐渐形成了人民舆情、人民咨询、人民融媒三大业务板块。

近年来，随着互联网的迅速发展，舆情信息渠道快速增加，需要处理的数据量也随之迅猛增加。为有效管理和驾驭海量数据，人民网舆情数据中心打造了核心技术抓手——"数据蜂巢"技术底座。

"数据蜂巢"运用大数据、云计算、人工智能等技术手段对海量数据进行采集、分析、整理，将大量无序、混乱、碎片性的数据变得秩序化、合理化和逻辑化，从而更精准地从海量数据中提取有效数据，为发现事件的潜在隐患、成功进行舆情预判提供基础。

作为"数据蜂巢"三大核心平台之一，AI 中台是一个用来构建智能服务的基础设施平台。AI 中台对业务场景所需的算法模型提供分布分层的构建能力和全生命周期管理的服务，加强模型复用、组合创新、规模化，最终实现降本增效和快速响应业务方的目的。AI 中台的算法仓库为舆情信息的监测、预警、研判，提供算法支持，进而提升智能服务的创新能力。

结合时下技术发展趋势，"数据蜂巢"运用容器化技术，为大数据采集、处理、分析提供了更高效、稳定的服务支持，可支撑每日亿级数据的采集和处理，为舆情业务平台提供稳定高效的数据支撑和算力支撑。

从 2010 年人民网舆情数据中心研发并完善了具备个性化、垂直监测功能的定制化舆情监测系统，到 2016 年人民网舆情数据中心推出的"人

案例　人民网舆情数据中心：数据赋能，让舆情服务拥有更广阔的想象空间

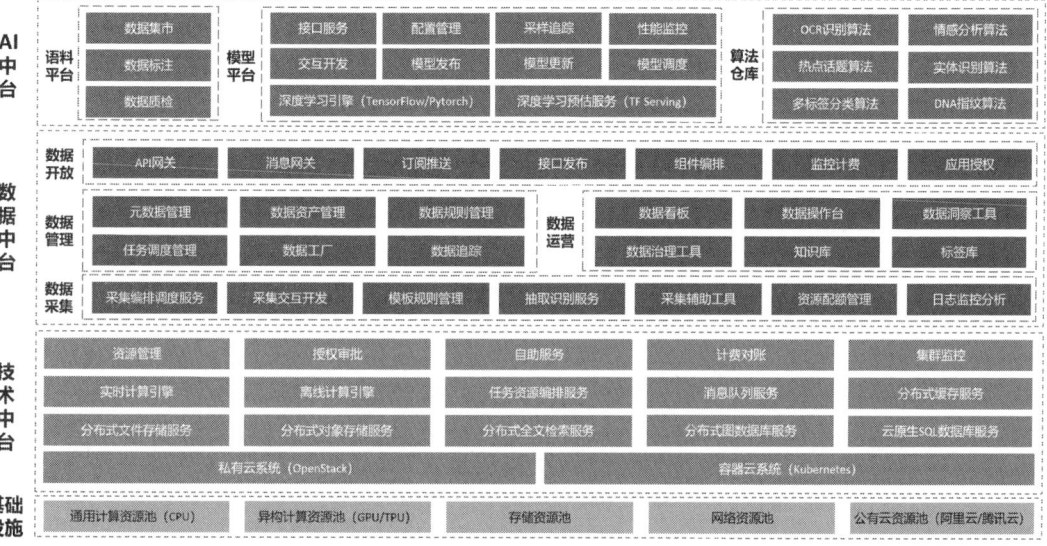

数据蜂巢技术架构

民众云"大数据开放共享平台，再到2019年结合区块链等技术上线的"人民版权"等产品，在智能服务的加持下，传统舆情业务也迎来了新机遇。面对新一轮技术革命，可以看到人民网舆情数据中心在不断自我更新，进行着智慧化转型的探索。

（一）人民众云

随着"互联网+"的概念逐渐深入人心，传统舆情事业与大数据分析技术结合，成为发展趋势。加强网络舆情管理，对群体性突发事件以及热点事件进行有效预判，是社会及网络空间治理的重要任务。在大数据背景下，如何提高舆情特征数据挖掘效率和舆情趋势预测精度，探索舆情智能预警机制，是当前亟待解决的问题。"人民众云"作为基于大数据挖掘技术和人工智能技术的大数据平台，利用智能监测服务和智能预警服务、智能研判服务，可及时、准确、全面地监测全媒体数据，并在此基础上利用自然语言处理技术进行信息的抽取、挖掘、聚类和分析，具备全面监测、

实时预警、多维度分析和智能化报告等功能，满足了用户在大数据云时代对信息产品开放、分享的更高要求。

1. 核心技术

舆情监测经过多年发展，在大数据、人工智能等技术支持下，工作方式、服务内涵和应用场景都有了非常大的变化。

以算法为主导的"人民众云"大数据平台，7×24小时不间断进行网络数据采集，并通过与舆情传播规律的要素相结合进行多维度建模和分析，实现智能地推送与用户直接相关和间接相关的信息。"人民众云"还将自动分析与人工干预有机结合，形成了一个人机交互的工作流，实现了数据分析自动化，对各种分析结果进行可视化的展示，极大提升了舆情报告撰写的工作效率和效果。

舆情分析方法涉及到定量分析和定性分析，两种统计分析方法相辅相成。早期的统计分析方法，重视信息量的分类统计，极少采用深层的定性分析。而大数据挖掘技术可以从大量、模糊、随机的数据中，提取隐含其内，但又具有潜在价值的信息和知识。

"人民众云"通过对信息的挖掘、采集、分类、整理，对各类信源数据进行精准的定量分析和深层的定性分析。还能通过量变引发质变，拓宽舆情分析的深度与广度，可以从更宽领域、更长时段对网上舆论进行比对分析，更加准确地把握网民的情绪特点，预测舆情走向，辅助决策和判断。

2. 产品特点和功能

"人民众云"平台是依托大数据挖掘技术和自然语言处理技术，集监测、预警、分析、报告等功能于一体的自助式智能新闻舆论管理平台。平台包含全网信息收集与舆情监测、热点话题、众云大脑、操作台等多种功能模块，基于机器学习、文本过滤、语义指纹识别等技术，通过标准化数据处理、自主化操作，让用户可以自由设定监测主题、范围、时间，通过

案例 人民网舆情数据中心：数据赋能，让舆情服务拥有更广阔的想象空间

一键智能分析，完成按数据量、按媒体、按地域、按内容等多维度的舆情分析。

"人民众云"通过智能预测，为用户预判可能引发的的舆情事件，做到有备无患。通过智能预警，对已发酵的舆情事件进行实时追踪和过程监控。通过智能研判，分析舆情事件发展过程中的传播媒体、传播地域、网民观点、关键传播节点等，以及该事件衍生出的关联话题和延伸话题，便于用户掌握舆情发展的脉络，做出有效判断、制定舆情风险应对策略和预案。最后，通过对处置后的舆论进行持续的跟踪分析，通过建立效果评估模型，为相关处置应对进行科学合理的效果评估。

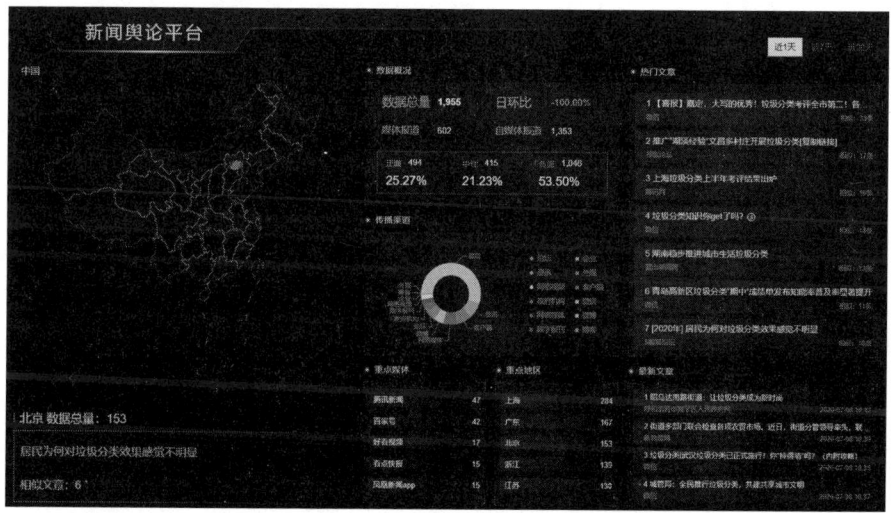

3. 产品价值及应用场景

"人民众云"通过标准化建立舆情分析逻辑体系，通过模块化满足用户个性配置需求，通过平台化提供高智慧高价值的服务。它不仅可以助力政府有效开展舆情管理，制定危机应对方案，优化舆情处置策略；还可以帮助企业准确掌握政策走向，对比分析竞品动态，及时了解行业信息。

"人民众云"立足智能计算，实现舆情管理智能化升级，深挖舆情信

息的社会评价价值，助益用户实现数据驱动，提高信息监管理能力，增强品牌竞争力，树立政企公信力及塑造良好形象。

（二）人民版权

互联网在带来深刻变革与便利的同时，也带来最复杂的内容管理难题，版权保护面临巨大挑战。自媒体爆发性的增长，使得断章取义的"洗稿"等侵权行为难以遏制，原创版权得不到保护，未经授权转载已经成为业内常态。

在此背景下，2019年7月，人民网舆情数据中心依托多年舆情业务的大数据采集和分析能力，通过人工智能与云计算，结合区块链技术，打造推出"人民版权"一站式版权保护管理平台。"人民版权"由人民网舆情数据中心和微众银行联合研发，基于人民网舆情数据中心的全网信息采集能力和自然语言处理能力，通过实时对确权文章进行全网转载数据的监测和比对，自动发现疑似侵权的转载行为，平台可以在线上完成一键取证并上链的过程，极大的降低了取证成本，提升了取证效率。

1. 核心技术和功能特点

"人民版权"利用区块链的不可篡改、可追溯、开放、去中心化、真实安全等特性，完成对数字作品的版权保护全流程管理，利用区块链分布式账本及智能合约特性，生成版权确权追踪链路，实现多方信息实时共享。为了能够快速从海量舆情文章中，将相似的文章识别出来，并给出一个置信度高的相似度量，来确认双方的相似度从而来达到新闻数据疑似侵权监测、原创新闻的转载监测等。"人民版权"设计DNA算法，从而实现相关的版权保护。

在平台上，原创文章发布即确权，可以通过作者姓名、登记时间、作品名称、作品核心摘要等信息在链上生成唯一、真实、不可逆的数字指纹DNA，完成数字作品在人民版权平台上的版权认证。同时，平台利用区块

案例　人民网舆情数据中心：数据赋能，让舆情服务拥有更广阔的想象空间

链可溯源的特点，生成了另一条侵权取证的链路，可以快速发现链上的转载和引用关系，自动生成传播链路，追溯可信原创信息，发现稿件的修改变化，帮助完成维权的证据保全工作。不仅保护数字作品的版权，同时也保护了数字作品的使用和传播。

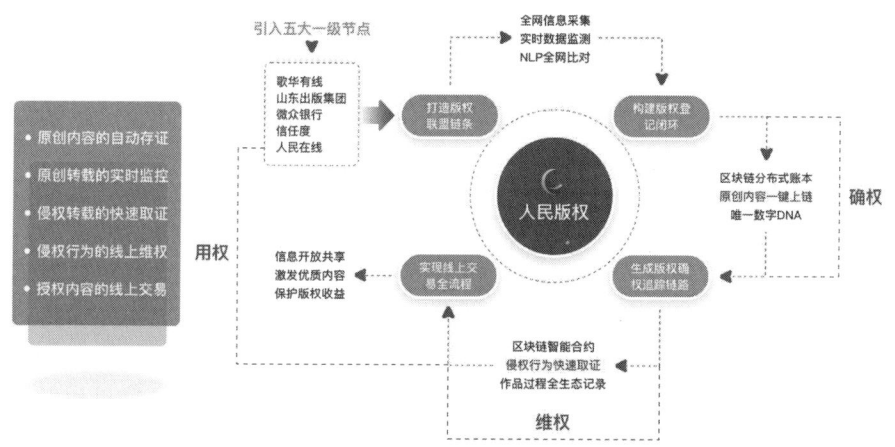

人民版权——基于区块链的版权保护解决方案

2. 应用场景

"人民版权"依托区块链技术，打造了版权联盟链。人民版权联盟链引入国家监管机构、权威媒体机构、出版集团、版权中心、仲裁机构、公证机构、互联网法院等核心节点，打通版权保护全链条。平台依托区块链技术在上链后数据的完整性和不可篡改性，大幅降低司法过程中的证据取证与保全成本，快速实现版权认证、取证、维权、诉讼全线上版权保护与全内容生态管理。

"人民版权"平台已上线数字作品的存证及监测，授权交易版本。将版权交易环节引入线上，媒体机构可在线上自行设置原创文章授权交易金额和白名单单位，提升版权授权工作效率，快速实现版权的多种授权方式。

目前，人民版权联盟已有100多家党媒申请加入。人民版权平台已经接入了北京歌华有线电视网络股份有限公司、山东数字出版传媒有限公司、

深圳前海微众银行股份有限公司等五大一级节点；与省级融媒体中心"北京云"实现了内容平台的对接；与中广电传媒有限公司、西部国家版权交易中心、北方国家版权交易中心等17家单位签署了合作协议，还有全国近百家媒体单位正在对接接入中。

2020年初，人民版权平台启用全新域名"peoplec.cn"，并同时正式接入了北京互联网法院"天平链"电子证据平台。标志着人民版权携党媒数据资源和区块链研发力量等优势资源，一跃成为数字版权市场保护的权威平台之一。

4月26日，人民版权通过第三批区块链信息服务备案，并发布了《人民版权发展大数据报告》。报告显示，自2019年上线以来平台累计已为200万篇新闻稿件进行了版权存证；全年总监测量超过十亿条；覆盖了将近全部的电子报刊、网络媒体以及主流客户端；新上线的版权搜索功能，实现AI确权新闻1亿条；推出的媒体融合传播指数平台，实现了媒体融合传播指数评估与版权保护的数据打通。

（三）人民云企

当前，我国经济迎来重大历史发展机遇，在2019年两会《政府工作报告》、以及中国人民银行印发的《金融科技（FinTech）发展规划（2019-2021年）》（银发〔2019〕209号）等若干文件中，指出加强金融科技技术驱动的金融创新，旨在运用现代科技成果改造或创新金融产品、经营模式、业务流程等，推进社会信用体系建设，优化营商环境、推动金融发展提质增效。

"人民云企"是人民网舆情数据中心借助互联网、大数据技术平台，以及人工智能技术协同工商、税务、质检、司法、海关等政府部门，消除"信息孤岛"，共同打造的权威信用体系平台。

平台为企业、政府、金融机构等提供数据采集、接入、加工、分析、决策为一体的企业大数据风控服务，通过构建企业全息画像、信用评估、风险预警、知识图谱等功能辅助业务风险管控和智能决策。

平台通过科学的信用评估方法，将大数据技术与专业的风控业务相融合，使增信数据灵活化、可持续化，为金融机构、监管机构、核心企业等提供数据共享和专业化风控技术解决方案。

1. 核心技术和功能特点

"人民云企"平台利用大数据、人工智能、机器学习等先进的技术，面向政府、企业、金融机构，提供智能化风控服务。通过融合工商、司法、经营、舆情等多元数据，打造企业画像、风险评估、监测预警、企业图谱、自动报告等核心功能，全面呈现企业发展经营现状、行业发展态势及地域营商环境。

2. 应用场景

"人民云企"平台可帮助政府部门识别高风险/低风险/优质企业，及时发现属地企业风险，助力地方政府精准、高效地开展金融监管、普惠金融、招商引资等工作；同时，可为企业实时监测自身及关联企业风险，

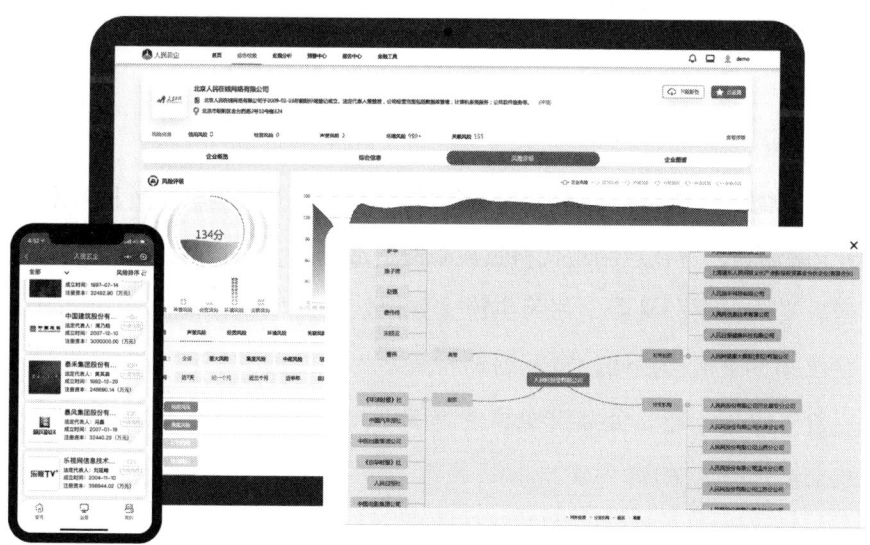

人民云企平台

助力企业提升全面风险管理能力和供应链管理水平；另外，平台为银行等金融机构提供"贷前－贷中－贷后"全流程风控，助力金融机构落实普惠金融政策，降低不良资产率，把握风险底线。

（四）人民企信

近年来，政府不断鼓励大数据技术的创新与发展，国务院、中国人民银行、银保监会等都发布了各种推动普惠金融、小微企业金融服务、社会信用体系建设的政策。2019年2月，中共中央办公厅、国务院办公厅印发了《关于加强金融服务民营企业的若干意见》，指出了当下普惠金融领域的市场现状和后续的发展方向。

在此背景下，人民网舆情数据中心建设"人民企信"平台，旨在加强融资服务基础设施建设，依法开放相关信息资源，在确保信息安全前提下，推动数据共享，构建完善的金融、税务、市场监管、社保、海关、司法等大数据服务平台，实现跨层级、跨部门、跨地域互联互通，健全优化金融机构与民营企业信息对接机制，实现资金供需双方线上高效对接，支持利用公共信息为民营企业提供信用产品及服务，并不断采取多种方式健全地方增信体系，让信息"多跑路"，让企业"少跑腿"。

1. 核心技术及功能特点

人民企信以构建企业信用生态为核心，基于全网舆情、企业工商信息、公开司法信息、企业经营信息的多元融合数据，以知识图谱、自然语言处理、实体识别和机器学习等主流大数据技术为依托，致力于搭建中小微企业和金融机构之间信息互通的桥梁，提供增信管理、智能匹配、风险定价等服务，建立金融机构和企业信任关系，缩短金融信贷链条，实现线上信贷快速撮合。

案例　人民网舆情数据中心：数据赋能，让舆情服务拥有更广阔的想象空间

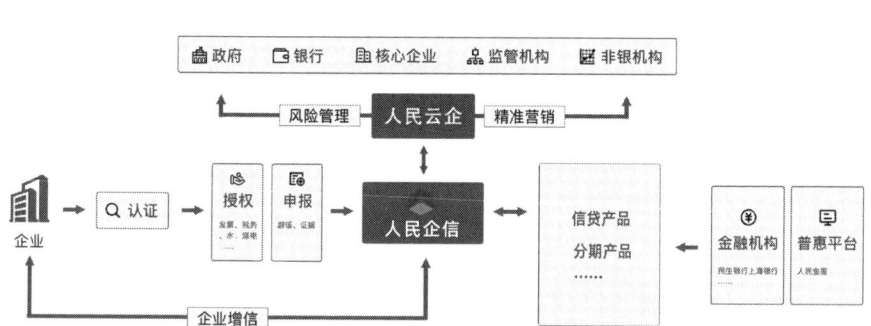

人民企信生态图

2. 应用场景

普惠金融需要重点解决的问题是金融机构对民营企业"不敢贷、不愿贷、不能贷"的问题。一方面，中小微企业因为自身规模、无可担保资产或人员、公开信息少等原因，融资可获得性差，无法摆脱企业困境；另一方面，金融机构需要对海量小微企业进行尽职调查、客户评级、贷款风险评定，避免不良贷款，同时银行还需要完成民营企业服务年度目标的内部绩效考核，提高贷款需求响应速度和审批时效，增强金融服务民营企业的

人民企信平台

· 131 ·

可持续性。

人民企信平台为小微企业提供工商、司法、经营、舆情等企业数据"一键授权"给金融机构,实现快速评估。为金融机构提供综合评估融资企业各类数据,金融机构"一键授信",发放对应额度贷款。

(五)人民融媒

2014年8月18日,中央全面深化改革领导小组第四次会议审议通过了《关于推动传统媒体和新兴媒体融合发展的指导意见》,"媒体融合"正式上升为国家战略。人民网舆情数据中心结合媒体融合发展领域的大量实践,推出了人民云融媒体协同发展平台,打造了能够帮助融媒体中心建设和持续运营的人民融媒"1+5+N"协同发展方案,为各级融媒体中心提供从技术平台搭建到运营、经营提升的一体化解决方案。

1. 核心技术及功能特点

在人民融媒"1+5+N"方案中,"1"是共建一个融媒体云生态,将业界最新的研究成果、前沿技术和最新产品转化为平台能力,与各融媒体中心协同发展、资源共享,赋能地方融媒体中心的建设和运营;"5"指人民网舆情数据中心开放人民版权、云屏、云视、云媒、人民通5项业务能力,通过标准化建设、模块化升级,助力地方融媒体中心建设;"N"是地方融媒体中心与人民在线零门槛签署《融媒体协同发展协议》,即可代理人民在线"N"个产品,提升自身经营获利能力,实现融媒体中心长效发展。

除上文介绍过的"人民版权"外,人民云屏基于自有大数据平台,通过自主研发的区域屏幕显示系统,结合智能硬件及集成系统,将抽象的事物或数据以形象、虚拟、仿真、现实的方式表现出来,全方面、立体化地满足用户定制展示及应急指挥的需求,能够为融媒体中心提供相应的传播应对策略以及融媒体宣传策划选题提供大数据分析支持,打造"融媒体+

舆情"的有机结合模式,帮助融媒体中心获得更深的洞察力、更好的决策力以及更强的应急能力。

人民云视 APP 是针对各地融媒体中心"一地一端"的建设需要,为了集中解决地方自建客户端建设成本高、运营难的问题,人民在线依托人民网成熟的运营体系和全网聚合能力开发的多功能综合新闻宣传和综合信息服务平台,通过统一的技术底层形成县级融媒体移动客户端集群的同时,为各融媒体中心提供独立的全媒介形态内容生产与发布管理功能,形成"全网一端,千媒千面"的融合发展局面。

人民云媒系统是高度聚合了融合媒体素材汇聚、展现、生产、发布、归档等多种业务能力的综合管理平台,通过对原有的采编流程的再造,实现"一次采集、多次生成、多元发布"的内容生产流程,提供移动编辑工具,具备互动直播、一键发布多平台、融媒体内容库等丰富的融媒体内容生产发布能力。

2. 应用场景

通过人民融媒方案的赋能,融媒体中心可实现从内容策划、素材采集汇聚、稿件生产管理到信息多渠道共享和分发、到传播效果监测的全业务流程,搭建起融媒体内容生产平台,构建区域新闻舆论监测体系,打造集"新闻宣传、资源共享、政务信息、便民服务、舆情引导"于一体的自有媒体平台,进行内容版权的保护和管理,创新内容生产与运营模式,形成"多来源汇聚、多元化生产、多终端发布、多维度分析"的内容生产、发布、传播和监测流程,推动媒体业务融合。

同时,人民融媒"1+5+N"方案支持融媒体中心依托人民在线优势资源及产品助力自身内容运营,开展经营合作,从而协助融媒体中心建设在符合国家建设规范的基础上,提升媒体影响力和经营能力,实现长效发展。

三、网络舆情监测的挑战及应对

随着互联网的发展,要处理的数据如汪洋大海,以人工监测来把握舆情脉络已成为不可能完成的任务。互联网用户的各种信息如搜索、浏览、发布、评论等相关数据呈现形式越来越多样化,除了文字之外,图片、语音、视频逐渐成为重要的信息载体,对舆情监测提出了挑战。

因此,一方面,要提高技术能力,在爬虫技术的基础上,充分利用人工智能技术优势,继续研发更先进的舆情数据采集技术、语义分析技术、图像识别技术和语音识别技术等自然语言识别技术。另一方面,对舆情分析师的专业性提出更高要求。信息发布渠道的多样化,使互联网的话语体系愈加庞杂,增加了舆情监测工作的难度,很多隐蔽性较强的虚假信息,单纯以关键词或主题词进行搜索容易产生误判,这就要求工作人员必须具备过硬的专业敏感性以及对人工智能技术的了解运用。舆情行业应该加强专业网络舆情分析师的培养,在培养理念、培养途径和培养方法上进行革新,以适应行业发展需要。

四、发展前景与趋势

1. 网络舆情监测技术的全面智能化

舆情监测软件的升级方向,就是要最大限度地减少人的工作量,尤其是在数据分析、数据呈现和危机预警等方面。未来舆情监测的范围除了文本,会全方位拓展至图片、视频、音频等。监测软件要具备热点识别能力、主题跟踪能力,实现情感的语义识别,准确判断网民的情绪,进行人物画像行为分析等,并进一步升级对接数据舆情指挥平台等应用。

2. 从舆情监测走向舆情预测

预测功能是舆情监测的最核心价值。当前的网络舆情监测工作更多的是关注已经发生事件的动向,对未来的发展预测难以兼顾。未来随着自然语言处理、机器学习等人工智能技术的广泛应用,可以对网络舆情的性质、发展趋势进行正确描述,再结合大数据分析处理技术来实现预测功能,真正把服务链从事后修复、事中化解延伸到事前防范。

3. 业务链更加多元化

如今很多用户的需求已经不是单一的舆情监测这么简单,更趋向于品牌传播、公关文案、危机公关等一系列的服务,未来舆情监测机构的业务链注定会更加多元化。舆情产品还需要针对政府、企业、个人等用户的不同性质和不同需求,细分客户群,制定个性化的舆情解决方案。同时,舆情监测及大数据分析技术,也将更广泛地应用于传播相关的其它领域,成为高技术领域的一大热点应用。

4. 移动端的舆情产品需要更大

很多人的工作内容如今已经转移到移动端上。顺应这一趋势,舆情最终呈现的结果,不但要有数据图表,简单明了的统计分析,还要有适合手机移动端阅览的报告,以及动态、线索、分享等功能都应该聚合在里面。

美联社、汤森路透、法新社
把握新闻产品和服务的未来引擎

智能时代：媒体重塑
THE UPGRADING OF MEDIA
IN THE AI ERA

案例 美联社、汤森路透、法新社：把握新闻产品和服务的未来引擎

先进技术始终是推动媒体变革发展的重要引擎。面对新技术浪潮，特别是人工智能这一引领未来发展的新技术，美联社、汤森路透、法新社等大胆实践，不断探索。从高效快捷的智能化新闻采集、优质多样的智能化新闻生产，到精准分层的智能化新闻传播、实时互动的智能化新闻反馈，美联社、汤森路透、法新社正积极致力于把人工智能实践落实到新闻生产的各个环节，以期把握新闻产品和服务的未来引擎，以人工智能+媒体的形式重塑新闻业。正如美联社指出的那样："人工智能技术正在开辟新的领域，并以无人能预测的方式改变新闻业。"

一、美联社、汤森路透、法新社人工智能技术应用概况

如何适应人工智能时代的生存和竞争环境，如何利用人工智能推动创新和变革、提供满足客户需求的产品和服务，从而获得竞争优势，是美联社、汤森路透、法新社近年来关注的焦点。

美联社2014年涉足人工智能领域，2015年发布五年（2015—2020年）战略规划，表示将在2020年之前实现80%新闻内容生产的自动化。短短五年时间，美联社对于人工智能的应用已经从新闻采集、生产，延伸到传播、反馈等各个环节。据不完全统计，美联社人工智能相关应用已达20项左右，包括可视化新闻工具Election Buzz、文字至视频自动转换工具Wibbitz、互动式体育报道工具InHabit等，已逐步迈向利用人工智能达成"新闻媒体要在正确的时间为正确的人推送正确的内容"的目标。

汤森路透的目标是做智能解决方案研发的领导者，利用智能数据和人类专业知识"连接全球市场，为客户提供智能信息和解决方案"。在汤森路透，人工智能已应用于大量数据和内容的筛选，以及新闻信息报道的组织与交付，相关应用包括自动化编辑部Lynx Insight、智能标签解决方案Intelligent Tagging Solution、可视化新闻信息数据库Graphiq等，人工智能

已成为汤森路透诸多产品和服务的发展引擎。

法新社于 2000 年初创建了社属媒体实验室 AFP Media Lab，该实验室是一支由记者和工程师组成的交叉学科研究团队，旨在探索数字信息领域的系统化、智能化解决方案。2016 年初，实验室加入"欧盟地平线 2020 合作框架（European Union Horizon 2020 framework）"，并在法国国家研究所（French National Research Agency）的资助下开展人工智能的相关研发工作。目前，智能搜索应用 ASRAEL、语音转录工具 AFP Transcriber、视频智能验证系统 AFP InVID 等多项研究成果已投入使用。

由于美联社、汤森路透、法新社人工智能探索广泛，相关应用众多，限于篇幅，本文仅从三家机构各选取一个具有代表性的人工智能产品进行案例分析。为了更好地展现人工智能对于通讯社这一媒体形态产生的影响，案例的选取特意涵盖了通讯社新闻生产的不同环节和层面。其中，美联社的 WordSmith 是人工智能在新闻生产环节的应用，汤森路透的路透新闻追踪者（Reuters News Tracer）是人工智能在新闻采集环节的应用，而法新社的 InVID，作为网络视频验证平台则是人工智能在新闻验证、事实核查环节的应用。

二、美联社：写稿机器人 WordSmith

1. 概况

2014 年，美联社与 Automated Insight 公司合作，利用其 WordSmith 平台，实现机器人写稿。WordSmith 作为最早应用到新闻写作中的人工智能之一，其成长有目共睹。2014 年 7 月，当美联社刚宣布将用 WordSmith 负责部分板块的新闻写作时，WordSmith 写作的每篇稿子还须由专门的编辑进行审核，以确保新闻的准确性和规范性。三个月后，WordSmith 通过自主"学习"迅速掌握了新闻写作的基本规范，将错误率控制在比人类记者还要低的程度,这大大提升了美联社新闻生产的效率。而这也得益于美联社写作风格指南 AP Style。AP Style 为报道语法的规范性奠定了很好的基础,基于此,成稿只需要按重要性给信息的先后顺序进行排序。同时,AP Style 会经常更新,例如加密货币、区块链等相关表述都已经被及时吸纳进去。

2. 应用场景

WordSmith 主要应用于财经类报道,特别是涉及大量数据的公司财报的报道,在成功运用一段时间之后,美联社也将其顺利引入体育报道中。以财经报道为例,在引入 WordSmith 自动化写稿程序后,美联社的财报类新闻实现了自动化规模化生产,每季度的财报稿件数量从人工报道时期的 300 篇左右,迅速提高到 4400 余篇,提升了 14 倍。为了完成一篇稿件,WordSmith 不仅需要相关的基础数据,还需要相关报告撰写的基本原则,软件开发人员把财报报道撰写的模型转变成计算机运行的代码,每当公司有新的财报发布时,计算机可以根据这些代码迅速生产出独一无二的报道。WordSmith 平台除了基本的信息采集功能外,还能够对数据进行深度挖掘和提炼,最终按照实际需要生成不同体裁、不同结构的新闻文本,这全面提高了新闻生产的时效性、规范性和精准性。

3. 用户体验

WordSmith 在提高相关报道的数量和时效上优势明显,受到了各方肯定。美联社称,"对于自动化是如何运作的,会员和读者都表现出了极大的兴趣,总的来说反响非常积极"。美联社的会员比以往任何时候都能得到更多上市公司的报道。在美联社内部,员工的反应也是积极的,主要因为自动化解放了宝贵的时间,减少了记者编辑繁重的数据处理类工作。同时,报道的准确性也受到报道对象的认可,因为"一旦设置了自动化,并通过了严格的测试过程,就大大减少了出错的可能性"。这些良好效果的取得，主要基于 WordSmith 以下几方面的特点和优势。

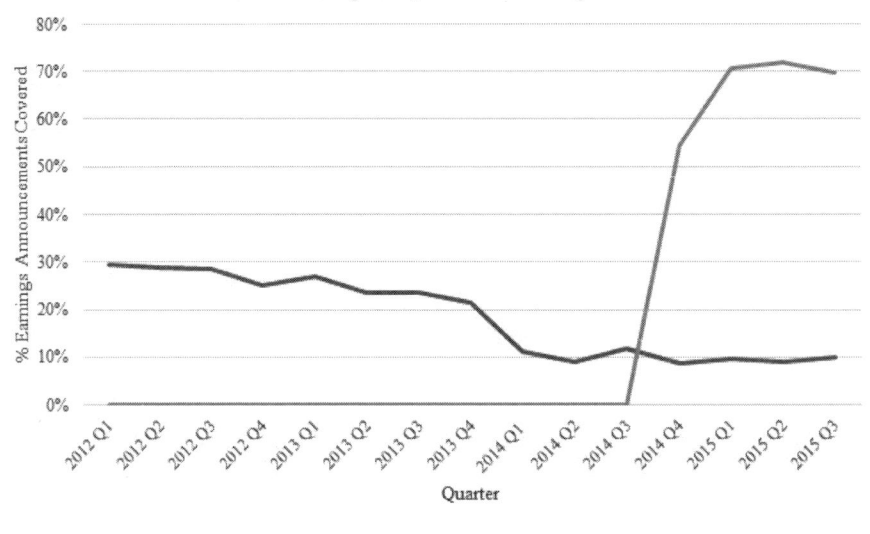

引入 WordSmith 后，美联社财报报道人工稿件与机器人稿件数量对比情况

一是海量数据的规模化处理。WordSmith 主要以大数据和人工智能技术为基础，可快速实现对海量数据的分析处理。二是信息的精确抓取，精准加工。在数据量足够大、样本足够多的情况下，WordSmith 报道的精准度比人类更高。三是全时监控。通过对信息源进行实时监控，WordSmith 利用文本解析和爬虫技术进行自动信息抽取，以实现对信息的全时监测、即时发布。四是成稿量大，效率突出。写稿机器人可瞬间完成海量阅读、分析并通过后台算法快速合成新闻，在写稿速度和数量上相比人类记者有着绝对优势。例如，WordSmith 将来自 Zacks 投资研究的收益数据转换为可发表的报道，只需几分之一秒。依靠海量数据和不断演进的算法设计，WordSmith 的拟人化、情感化的表达技能也在不断增强。

案例　美联社、汤森路透、法新社：把握新闻产品和服务的未来引擎

4. 问题与前景

WordSmith 机器人写稿的优势毋庸置疑，但也还存在不少的问题和欠缺。美国国家公共电台（NPR）驻白宫记者斯科特·霍斯利（Scott Horsley）曾经与 WordSmith 进行了一场很有意思的比赛。比赛中，霍斯利和 WordSmith 一起坐等丹尼连锁餐饮公司财报出炉，然后，双方同时开动撰写一篇报道。最终结果是，WordSmith 在速度上轻松取胜，而霍斯利的文章因为更符合人类的阅读习惯而得到更多读者的认同。可见机器人写稿的问题之一就是文章风格上偏"硬"，缺乏人类有血有肉的"感情"。而这主要基于以下原因。

一是缺乏独立思考能力。目前，写稿机器人只能依据既有数据和设定的程序来进行稿件写作，无法主动"发现"问题、"思考"问题并提出解决方案。因此就目前技术发展程度来看，仅适用于财经、体育、天气等资讯性较强的新闻报道类别。

二是不具备自主采访功能。WordSmith 只能称之为"写稿机器人"，而非"记者"，就在于它无法完成作为记者最为重要的采访工作，而采访是新闻写作的重要环节。与采访对象面对面互动交流，对资料进行适当取舍，独立思考并对事实做出准确判断，机器人目前还无法实现这些复杂的工作。没有采访的稿件是苍白的，正因为此，机器人写出的稿件在表达的个性化、调研的深度化、思想的观点化方面还有所欠缺。

未来的新闻业中，常规的新闻撰写将会更多地交由人工智能来完成，但机器人写稿并不能完全代替人类，而是将人类更多地从枯燥的写稿工作中解脱出来，将更多的时间和精力放在机器人不能完成的工作上面。但是，机器人写稿被广泛应用于新闻生产环节这一趋势将不会改变。可以预见，未来，WordSmith 这样的写稿机器人将会在更多领域大显身手，逐步替代现在记者擅长的一些工作，甚至完成现在它们无法完成或者无法很好完成的任务，成长为真正意义上的记者。美联社新闻编辑部丽莎·吉布斯（Lisa

Gibbs)曾表示:"我们已经亲眼目睹了自动化是如何帮助我们的记者腾出时间来创作复杂而有影响力的报道的。这些机器越聪明,就越有能力凭借自身的力量成为更加优秀的内容生产者。"

三、汤森路透:新闻追踪者 Reuters News Tracer

1. 概况

网络时代,媒体人如何在海量信息中发现有价值的新闻成为巨大挑战。路透新闻追踪者(Reuters News Tracer)就是一个让记者能够实时发现新闻线索的工具。作为路透社数据与创新部与汤森路透研发团队共同开发的一款人工智能系统,路透新闻追踪者可以在社交媒体上发现突发事件并为这些事件进行新闻价值的赋分。追踪者利用认知计算和机器学习的力量,从巨大的社交媒体流中提取所需信息,通过算法检测其中有新闻价值的突发事件,深度挖掘某一事件或新闻的关键事件、关键人物、时间节点等重要信息,并协助记者编辑迅速了解整个事件的来龙去脉。这在信息海量,特别是社交媒体平台信息铺天盖地的现实情境下有很大的实用价值。为了打造这一工具,路透研发团队还在来自世界各地的众多记者中进行了调研,听取了他们对于如何收集信息、如何使用社交媒体对新闻价值进行评估、如何对报道进行验证等的意见与建议,并据此创建了可以模仿的算法和工具。

2. 应用场景

路透新闻追踪者主要运用于快速抓取社交媒体上的突发新闻,并有效剔除不可靠信源(包括不真实的和没有新闻价值的),这在一定程度上等同于事实核查。具体来说,路透新闻追踪者通过每天实时筛选约 7 亿条推文,同时标记出那些满足新闻价值和准确性要求的突发新闻,来快速为记者提供相对真实的社交媒体信源。其运行的第一步是提取数据流。其中一半是随机抽样,另外一半来自路透社记者创建的推特账户列表。其中包含其他新闻机构、重要公司、有影响力的个人等的账户。第二步是确定新闻事件发生的时间。如果多人同时提及某事,使用聚类算法,路透新闻追踪者就能确认这一事件已经发生。第三步是对事件进行分类和排序。路透新闻追踪者先是使用算法确定主题,然后将它与数据库进行比较,该数据库中的内容是由路透记者从31个官方新闻账户如CNN、BBC、纽约时报等发布的推特消息中收集的。此外,算法还会使用包含城市和基于位置关键字的数据库来进一步确定事件发生的确切地点。第四步是对准确性进行核实。路透新闻追踪者通过识别最早提及该话题的推特消息及其指向的站点来寻找信源。程序人员在这套算法中先行植入了40个指标,包括是谁发布了这条推文,账户是否已经通过验证,这条推文是否包含链接和图片,这条推文是否基于更多的观点或事实,其他人是否确认此信息等,以进行新闻可信度评分。这些核实和评分工作都能在短短40毫秒内完成。最后,该系统会自动生成标题和摘要,并通过路透内部网络进行信息的分发,以便记者提取和使用。

3. 用户体验

路透社的记者编辑团队目前对路透新闻追踪者表现出很高的认同度和满意度。在其使用过程中,路透发现它能够比很多主流新闻机构更快发现某些类型的事件。分析数据显示,在时效上路透新闻追踪者已经在不少重大突发新闻报道上帮助路透击败了全球诸多新闻媒体。同时,在报道覆盖面方面路透新闻追踪者的表现也值得称道。据悉,通过对其识别的报道与BBC、CNN等机构的报道进行对比发现,路透新闻追踪者可以覆盖这些媒体大约70%的新闻报道。除了时效性和覆盖面,追踪者在新闻验证方面也极具竞争力。显然,汤森路透正试图使用路透新闻追踪者这样的智能机器人来超越竞争对手。

4. 问题与前景

路透新闻追踪者在海量信息的采集、梳理、甄别方面给记者编辑的工作带来极大的便利，但还存在不少问题亟待解决。

一是可靠性问题。虽然路透新闻追踪者的比对算法精确度很高，但依旧需要记者的介入来确保新闻的准确性和时效性。一个非常著名的例子就是，2017年10月1日，美国拉斯维加斯市曼德勒海湾酒店（Mandalay Bay）赌场外的音乐节发生枪击事件。一位目击者在凌晨1点22分在社交媒体上发布了这一事件，随即触发了追踪者的聚类系统。但是，该聚类在凌晨1点39分之前都没有达到系统确认为新闻的标准。最终，路透社记者凭借经验及时作出判断，并在凌晨1点49分报道了这一事件。由此可见，如果完全依赖于机器，可能就会错过对这一重大突发事件的及时报道。

二是算法在客观与主观上的失误可能产生误导。算法的一些不够准确的逻辑模式极有可能导致错误结论。同时，也可能存在引导算法得出错误结论的主观故意。如果心怀叵测的人故意控制推特消息发布，以欺骗路透新闻追踪者来实现特定目的，可能会带来意想不到的严重后果。这意味着，媒体需要始终对追踪者的发现结果保持怀疑和警惕。

三是报道热点选择的问题。除了根据算法得出的报道热点，媒体还应该继续关注那些没有被系统收集过的信息以及还未建立数据集的议题，特别是那些关乎人类发展的重大议题，而不能被网络热点牵着鼻子走。

路透新闻追踪者还存在这样那样的问题，但使用类似的智能化社交媒体分析工具已是媒体共识。美联社的社交媒体分析工具NewsWhip，法新社的信息流分析工具AFP 4W等，都旨在建立一个对于突发事件、重大事件等的信息流的智能分析平台。随着人工智能技术的不断发展，智能化社交媒体分析工具将会更加成熟和完善，有效助推媒体在新闻信息采集领域的发展。

四、法新社：网络视频验证平台 InVID

1. 概况

近年来，视频类假新闻不断出现，并呈现进一步泛滥的趋势。在这样的背景下，一些新闻验证平台应运而生。法新社的网络视频验证平台 InVID 就是其中之一。

InVID (In Video Veritas)，是指"验证用于信息产业的社交媒体视频内容"，旨在构建一个对视频内容真实检测以及身份验证的服务平台，确保媒体使用的视频文件以及社交网络传播视频内容的可靠性和准确性，帮助媒体记者编辑发现和消除虚假视频。这项于 2016 年启动的欧洲创新项目，得到欧盟为期 3 年的资助，并于 2019 年顺利结项、投入应用。

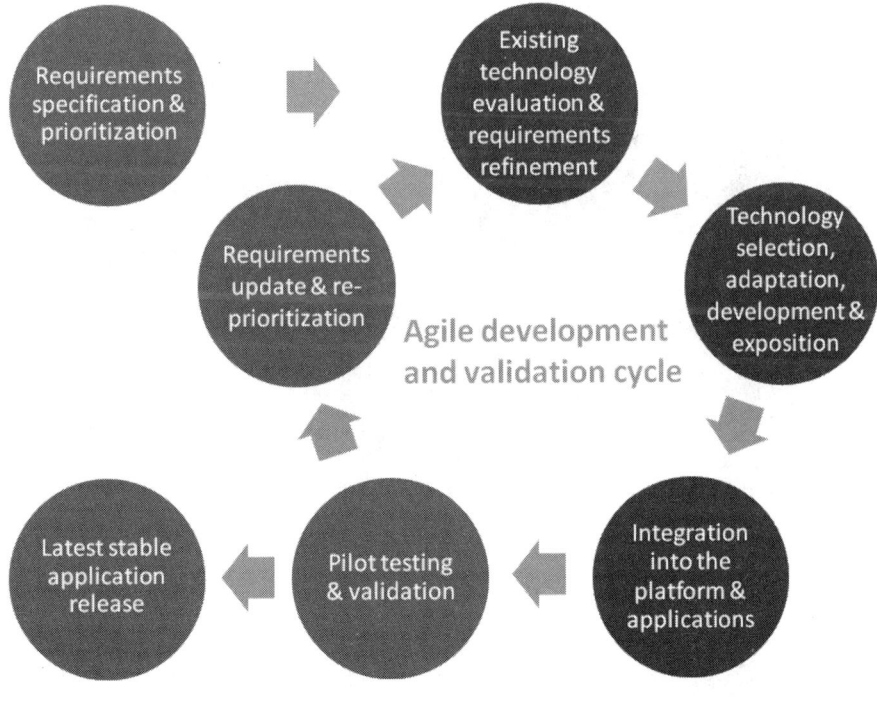

InVID 技术流程图

2. 应用场景

InVID 主要应用于上下文验证，以及对用户在社交网络发布视频的用户权限进行验证。一旦完成所有检查并通过验证，InVID 平台还将帮助阐明使用视频的法律条款，包括对视频制作者的身份识别，相关权利的规定，以及侵权的适当补偿等问题。所有这些过程都将使用创新数据分析并达到可视化效果。

法新社负责媒体新技术开发的丹尼斯·蒂索（Denis Teyssou）举例说，2016 年布鲁塞尔发生恐袭时，法新社验证了一些业余人士在社交媒体上的相关视频，用 InVID 平台检测后发现，有的视频实际上是 2011 年拍摄的白俄罗斯明斯克地铁遇袭事件。如果手动验证，那么会很耗时，还受制于视频发布平台如脸书、推特、优兔不同的技术参数。但借助 InVID 平台，法新社能够快速实现对不同平台信息的整合和验证，以快速判断视频的真伪。

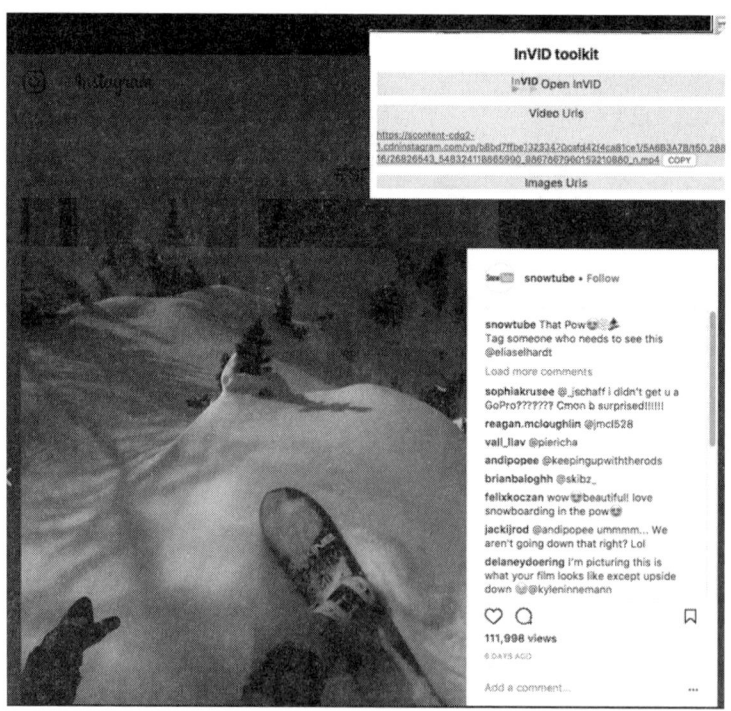

融媒体产品《雪崩》的验证过程

3. 用户体验

为了更好地开展事实核查工作，法新社成立了专门的社交网络与事实核查部门，这个核查团队目前在全球范围内拥有40名记者。特别是近年来，法新社加快了事实核查项目的全球布局，在澳大利亚、加拿大、印度、印度尼西亚、肯尼亚、马来西亚、尼日利亚、巴基斯坦、菲律宾、南非和斯里兰卡的法新社办事处都有专门的事实核查人员，其中有七个分社是2019年才开设事实核查项目。据不完全统计，该团队从2017年至今已经发布了超过1500条事实核查结果。特别是受益于脸谱的第三方事实核查项目，2018年由脸谱提供经济支持，法新社还设立了英语、西班牙语、葡萄牙语的事实核查博客Factuel。除了InVID，法新社还使用社群工具CrowdTangle进行事实核查。

4. 问题与前景

当前，新闻事实核查已经逐渐衍生出一个独立的新闻品类，形成一种新的报道机制。但利用人工智能技术进行事实核查也还存在一些有待解决的问题。

一是技术问题。事实核查技术目前还不够成熟完善，还需要人工介入进行配合。而技术的完善需要大量虚假新闻数据内容用于研发测试和机器学习，但这目前较为缺乏。

二是新闻伦理问题。事实核查的首要问题是虚假新闻的界定。目前，核查虚假新闻的基本方式是将其与相对可靠的新闻来源和新闻报道进行比对，即与"新闻真实"进行对标。目前，事实核查通常是将主流媒体的报道作为真实性的标准，但主流媒体也会存在虚假报道的问题，这导致事实核查可能不够准确客观。

三是核查事实结果的发布问题。核查结果如何及时发布，形成广泛传播，目前还没有形成有效的模式。这意味着，即使某些视频新闻被验证为虚假新闻，也难以及时阻止其进一步传播和扩散。

四是商业模式的问题。机器人事实核查需要巨大的研发与运营成本，目前新闻事实核查这一服务品类还难以为媒体带来多大收益，盈利模式还有待进一步挖掘。

不过，人工智能运用于事实核查正在受到越来越多的关注和认可。2019年10月21日，杜克记者实验室（Duke Reporters'Lab）披露了对全球事实核查平台的普查数据，目前在68个国家和地区至少有210个事实核查平台在运行，是2014年首次平台普查数据的五倍。杜克记者实验室负责人认为，事实核查平台的快速增长主要有两个原因，其中一个就是法新社事实核查业务的迅速扩张。

五、美联社、汤森路透、法新社人工智能发展策略

美联社、汤森路透、法新社的人工智能相关业务之所以能取得如此快的发展，在于其在确定战略目标后，有清晰的发展策略。三家机构虽然在发展策略上各有侧重，各有不同，但有些发展策略非常值得关注。

1. 成立专门部门，以概念性的实验为切入点强力推进有价值的项目。

以美联社为例，为从战略层面统筹各项前沿智能技术应用，美联社成立了人工智能委员会。该委员会的主要职能是跟进新技术并找出解决商业问题的智能化工具。人工智能产品打造必须跨部门协同工作，才能广泛部署。人工智能委员会主要负责统筹协调各方资源。虽然委员会并不能授权美联社的所有技术决策，但时常会批准一些概念性的、小范围的实验项目，然后再进行规模化的探索。这对于美联社人工智能产品的科学推进起到了关键的引导作用。

2. 强化自主研发，力争占据技术研发的最前沿。

以汤森路透为例，不仅为客户提供权威内容和专业知识，还提供先进的技术。因此，先进技术的研发和应用在汤森路透具有至关重要的地位。事实上，汤森路透在技术方面一直处于行业领先地位。汤森路透实验室（Thomson Reuters Labs）就是其专门从事人工智能等前沿技术研发的机构，拥有高水平的全球团队，专注于数据科学与分析、数据可视化、人工智能和区块链。在汤森路透看来，"创新对我们的成功至关重要，也是我们竞争的主要基础之一"。

为进一步加强在人工智能领域的研发力量，汤森路透还专门成立了一个人工智能与认知计算中心（Center for AI and Cognitive Computing）。这个由科学家、工程师和设计师组成的团队致力于智能应用的研发，包括应用和扩展自然语言处理、机器学习、深度学习、信息检索、数据挖掘、文本分析和人机交互的最新技术。该中心依托汤森路透实验室强大的研发实力，同时通过与高科技公司合作，为其在人工智能时代的持续发展打下良好基础。

美联社公布的部分合作初创公司

3. 加强与初创技术公司合作，有效提升相关项目的投入产出比。

以美联社为例，在人工智能相关产品推出的过程中，美联社把与初创技术公司的合作放到了一个突出重要的位置。近年来，美联社一直探索与诸多初创人工智能公司开展深度合作，提高新闻生产效率。如今，美联社几乎所有人工智能新闻产品都离不开相关领域合作公司的支持。除了技术层面的合作，美联社还通过入股等形式，深度介入人工智能技术公司的发展。例如，2017 年底，美联社以投资形式入股 Wibbitz。美联社迅速将其已研发的自然语言处理和高级算法自动生成相关图像与视频技术应用于新闻生产，而此次深度合作的目的就是打造服务于美联社的新一代人工智能短视频生产平台。

4. 重视研究，以理论研究促实践发展。

以美联社为例，除了自己的媒体实验室，美联社也积极与研究机构合作，以理论带实践，以研究促发展。例如，美联社就与密苏里大学新闻学院、AMD 芯片研发商达成合作，共同致力于虚拟现实技术与新闻报道的深度整合研究。

美联社还非常善于通过各种高质量研究报告的发布扩大自身在相关领域的专业影响力，已发布多个人工智能相关的研究报告，如《增强新闻的未来：智能机器人时代新闻编辑室手册》《虚拟现实如何影响新闻业》《使用人工智能生产新闻报道》等。这些报告分析了人工智能对于未来新闻业发展的潜在推动力及持续影响力，介绍了人工智能相关技术对新闻业的助益，对人工智能如何高效、积极辅助编辑部工作提出了思考。不难看出，美联社在积极投身人工智能传媒实践的同时，也积极介入相关研究，在通过相关研究研判趋势、把握正确发展路径的同时，更好地奠定自身在人工智能应用领域的先行者、引领者地位。

平台篇

今日头条
重新定义人与信息的连接

今日头条是国内较早将人工智能应用于移动互联网场景的新闻信息产品之一。经过多年发展，今日头条已经成为个性化信息推荐引擎的代表。今日头条的快速崛起，一方面在于它充分运用智能算法为用户推送个性化的信息，提供连接人与信息的新型服务，另一方面也在于它紧紧把握住媒体与人工智能融合创新的趋势，利用智能技术辅助内容的创作、分发、互动、管理，建构出新的信息传播业态。

一、产品形态及核心技术

2012年8月上线的今日头条，是一款基于数据挖掘技术的推荐引擎产品，它不是传统意义上的新闻客户端，没有采编人员，不生产内容，运转核心是一套由代码搭建而成的算法。算法模型会记录用户在今日头条上的每一次行为，在海量的资讯里挑选用户可能感兴趣的内容，精准推送，实现分发过程从"人找信息"向"信息找人"的转变，提高了移动时代的信息获取效率。

今日头条以内容推荐、信息分发为主业，智能推荐算法是其核心技术，算法实际上是拟合一个用户对内容满意度的函数，这个函数需要输入三个维度的变量：第一个维度是内容。头条作为一个综合内容平台，图文、视频、UGC小视频、问答、微头条，每种内容都有很多自己的特征，需要考虑怎样提取不同内容类型的特征做好推荐。第二个维度是用户特征。包括各种兴趣标签、职业、年龄、性别等，还有很多模型刻画出的潜在用户兴趣等。第三个维度是环境特征。这是移动互联网时代推荐的特点，用户随时随地移动，在工作场合、通勤、旅游等不同的场景，信息偏好有所偏移。结合三方面的维度，模型会预估推荐内容在特定场景下对特定用户是否合适。今日头条推荐模型中的内容特征向量和用户特征向量目前都达到TB（万亿）级，是世界范围内规模较大的机器学习模型。

今日头条的算法推荐模型中，点击率、阅读时间、点赞、评论、转发等都是可以量化的指标，但一个大体量的推荐系统，服务用户众多，不能完全由指标评估，引入数据指标以外的要素也很重要。今日头条引入的要素包括广告和特型内容频率控制，比如问答卡片就是比较特殊的内容形式，其推荐的目标不完全是让用户浏览，还要考虑吸引用户回答为社区贡献内容。这些内容和普通内容的混排方式，频率控制都需要算法系统做出考虑。此外，平台出于内容生态和社会责任的考量，在标题党、低俗低质内容的控制，重要新闻的置顶、加权、强插，低级别账号内容降权等方面都会进行干预，这些是算法本身无法完成的。

今日头条会对算法不断纠偏，设计、监督并管理算法模型，持续迭代完善。其算法推荐采用实时训练，省资源并且反馈快，这对信息流产品非常重要。今日头条还把更多最新的技术，例如生成对抗网络、深度强化学习和多模态融合等融入模型，希望能把文字、语音、视频、图像融合在一起学习。

创立7年多来，今日头条历经七次大的版本更新，演化成一款国民级产品。目前今日头条的推荐策略，已不完全依赖于算法，而是囊括了算法、热点、关注、搜索等多种功能。以"连接人与信息，促进创作与交流"为使命，今日头条运用与生俱来的智能"基因"不断延伸自己的业务半径，在今日头条APP之外形成了包括抖音、西瓜视频等在内的明星产品矩阵，以及悟空问答、微头条等业务，公司名称也顺理成章更替为"字节跳动"。产品矩阵壮大、业务迅速拓展背后，人工智能是其最关键的武器。

字节跳动的产品矩阵

今日头条 2016 年成立了人工智能实验室，研究领域包括计算机视觉、自然语言处理、机器学习、语音和音频处理、数据及知识挖掘、计算机图像学、系统和网络、信息安全以及工程和产品。基础研究之外，实验室非常重视工程落地的能力，延揽全球顶尖人才，将工程团队与科研人员混搭在一起，做更好的创新，并输出核心技术，孵化产品，做到真正的人工智能应用落地。

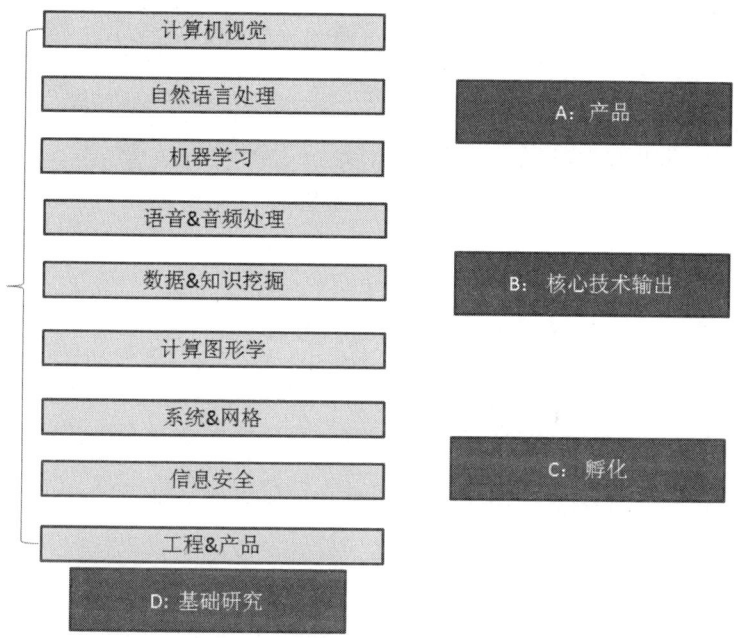

字节跳动人工智能实验室的研究领域与职责

二、应用场景

今日头条希望打造新一代人工智能驱动的信息平台，它连接人和信息，在内容创作、过滤、审核、分发、搜索、消费以及互动的每个环节，都有智能技术的支撑。本文选取不同应用场景中今日头条最具代表性的产品分别介绍。

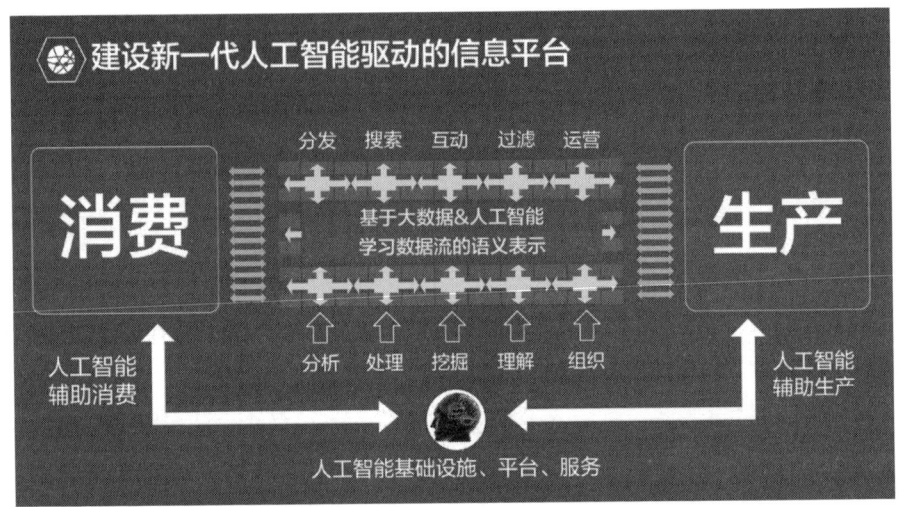

今日头条建设新一代人工智能驱动的信息平台

1. 内容创作与生产：Xiaomingbot 机器人写作

2016年8月，今日头条研发出一款写作机器人"张小明"（Xiaomingbot）。通过自然语言理解和自然语言生成技术，小明能够自动写作并播报新闻，特别是在体育、房产、汽车、天气等垂直领域表现出色。Xiaomingbot 已与光明网、《财经》杂志、大河报等主流媒体达成战略合作，向其进行优质内容输出。

Xiaomingbot 的意义在于，一方面能够更大程度地满足长尾的资讯获取需求，另一方面，一些消息类报道使用机器人写作，能使记者从疲于奔命式的抢新闻中解脱出来，对事件背后的新闻线索进行深入挖掘和批判性的思考。相比于人类作者，小明的效率和产量更高。一个体育比赛结束之后两秒钟，小明的自动转播及自动写作的报道就上线了。依靠先进的机器学习算法，小明能够分析多种数据源头包含的文本、图片、视频，还可以对视频内容进行实时理解，从直播数据中进行语句筛选与融合，从而在体育比赛的任一时刻生成高质量赛事报道。在一场世界杯比赛中，小明通过视觉识别球员和他背后的编码，自动生成描述文本"某某球员在某个时间进球"，还能够在报道中集纳某个球员的立体信息，他的胜负率、赛季表现等综合信息。这样一来，自动写作的体育新闻可以更好实现体育转播的千人千面，每个人可以看自己喜欢的球员，关注自己想关注的球队。

2. 内容识别与审核："灵犬"反低俗助手

当前内容创作和消费海量增长的趋势下，如何有效打击低俗低质内容，是全球信息平台都面临的难题。2012年以来，今日头条内部搭建了反色情、反低俗、反标题党、反虚假信息、反低质等数百个模型，并逐步建立了近万人的专业审核团队。

今日头条在其反低俗模型的基础上推出"灵犬"反低俗助手，并不断迭代升级其能力，用以检测内容健康度，打击低俗低质内容。用户只需要在"灵犬"内输入一段文字或文章链接，"灵犬"就可以帮助其检测内容健康指数，返回一个鉴定结果。对于用户输入的内容，"灵犬"会先进行提取、分词和语义识别，然后根据相关规则，输出对应的分数、评级和结论。这一切都在短短几秒内完成。图片和图片链接检测同理，用户在"灵犬"内上传图片或图片链接，即可快速获取鉴定结果。"灵犬"运用的解决方案，是深度学习，今日头条分别在数据、模型、计算力等方面做了很多优化来支撑：数据层面，已累积上千万级别的训练数据；模型层面，针对许多困难样本做了模型结构调优，尝试解决多尺寸、多尺度、小目标等复杂问题；计算力层面，利用分布式训练算法以及GPU训练集群，加速模型的训练和调试。截至2019年6月，"灵犬"反低俗助手的使用人次已超过了300万。

3. 内容消费与互动：智能社交及数据赋能

2017年11月，今日头条在创作者大会上宣布从智能推荐走向智能社交，通过两种新的内容体裁探索智能社交的推荐方式：上线问答频道——"悟空问答"；上线"微头条"，通过发布短内容，让用户建立互动关系。今日头条在算法推荐之外，重点加强了粉丝分发，帮助优质作者快速积累粉丝，通过粉丝产生更好的经济效应，提升个人品牌影响力。特别是在很多中长尾的领域和细分领域，算法推荐和智能社交吸引到越来越多创作者，通过贡献优质内容获取特有的粉丝群体，并且粉丝群体和作者之间产生了非常强的互动，转化形成内容消费及变现收益。

今日头条还会面向内容创作者发布一些基于内容和社会热点的及时数据分析的结论，相关的内容热词、用户画像、研究报告等数据，为创作者赋能，帮助其及时、高质量地创作出更多优质的内容。

4. 社会公益服务：头条寻人

今日头条还将人工智能与产品功能结合，积极服务社会公益，于2016年2月发起面向全国的公益寻人项目"头条寻人"，用科技手段帮助各类失散家庭团圆。其运行机制是结合智能推荐和地理推送技术，以走失者走失地为圆心，根据走失者行走速度等信息进行数据分析和计算，预估出可能的走失范围，在此范围内推送寻人信息，实现每条寻人信息的精准地理范围覆盖和人群触达，从而大大提高寻人成功率。截至2019年7月，"头条寻人"发布了7万多条寻人启事，找回了1万多人，时间最短的只花了1分钟，日均找到10至12人。头条追踪了7万多条信息中的每一条，由此建立了一个企业级的走失人口数据库。

在扶贫、教育等领域，今日头条联合甘肃省网信办发起"山货上头条"活动，帮助国家贫困县销售土特产，利用头条的推荐技术和传播能力创造更大社会价值；在贵州省农村社区、扶贫移民搬迁社区以及城市边缘社区建立了以儿童发展和保护为核心的"益童乐园"。

三、用户体验与市场反应

移动互联网商业智能服务平台 QuestMobile 的数据显示，截至 2019 年 6 月，今日头条月活达 2.6 亿，日活 1.2 亿，用户人均单日使用次数达到 12 次，领跑行业同类 APP。巨量引擎商业算数中心发布的《今日头条内容价值报告》显示，今日头条已经构建起一套完整的内容生态，成为国家机构、新闻媒体、企业和内容创作者连接用户的综合信息平台。截至 2018 年 7 月，今日头条旗下开放的内容创作与分发平台——头条号账号总数已超过 160 万，国家机构及其他组织账号超过 8 万。

今日头条的内容呈现出多元化升级特征。2018 年，今日头条文章发布量高达 1.6 亿，视频发布量 1.5 亿。其中阅读超过 10 万的文章高达 113 万+，视频播放量超 10 万的高达 183 万+。值得关注的是，2018 年 11 月起，今日头条视频内容的观看量超过图文，且增长趋势非常显著。2019 年 6 月数据显示，平台上视频播放量占据头条整体观看量超过 65%，日均视频播放量达到 34 亿。

今日头条深耕垂直领域，满足用户多元化的资讯需求。根据头条指数 2019 年 1 月到 6 月期间的数据显示，目前今日头条深耕垂直领域超 100 类，其中体育、汽车日均阅读量超 5000 万。

为了吸引优质内容创作者，今日头条提供了多种内容扶持计划。从千人万元计划到青云计划，再到行业知名的金字节奖、金秒奖等，其通过多种方式激励更多高质量内容创作。目前在头条号平台，拥有百万级别粉丝的账号超过 800 个。2018 年度，创作者与粉丝之间的互动增长了 120%，粉丝的粘性不断提高。

四、风险挑战及应对

面对中国市场流量和人口红利的天花板，以及政策监管和海外扩张的诸多不确定性，要实现创始人张一鸣提出的"正直向善"的价值观，今日头条还有很长的一段路要走。

一是流量困境下，低俗信息治理、正能量内容创新需要更深层次地推进。如何进一步扩容并创新正能量内容、优化信息内容结构仍须下大力气解决。

二是精准推荐下，破除信息茧房、增进社会共识需要打通更多信息流通的管道。今日头条如今着力打造搜索引擎、建立社交平台，希望促进用户与平台、用户之间的互动，基于用户数据和相关关系来定义潜在需求，解决平台的"回音室效应"，但在算法分发之外建立新的信息传播管道不可能毕其功于一役，还须苦心经营。

三是技术强势下，内容版权保护、公众隐私安全呼唤企业更有力地履行平台责任。伴随人工智能技术的不断发展，科技平台在数据采集、隐私保护等方面面临的伦理问题和风险如人工智能创作作品的版权问题、换脸技术带来的安全风险等不断增加，这些都需要科技平台守法自律、优化行业秩序，切实履行社会责任。

五、前景与趋势

今日头条正在努力打造一个分发方式足够多样、内容体裁足够丰富的通用信息平台。一方面，今日头条不断引入新的内容分发方式，目前已拥有内容运营，算法推荐，关注订阅和搜索引擎等分发手段；另一方面，今日头条不断拓宽内容体裁，平台承载并分发图文、视频、问答、微头条、专栏、小说、直播和音频等各式内容。今日头条把人对于优质来源和优质内容的鉴别力,与机器对海量资讯的处理分发能力相结合,将让用户和创作者不断看到更大的世界。

快手
借助人工智能带给普通人更多"幸福感"

智能时代：媒体重塑
THE UPGRADING OF MEDIA IN THE AI ERA

案例 快手：借助人工智能带给普通人更多"幸福感"

2019年8月30日中国互联网络信息中心（CNNIC）发布的《第44次中国互联网络发展统计报告》显示，截至2019年6月，我国网民规模达8.54亿，短视频用户规模为6.38亿，占网民整体的75.8%。快手从创立之初，就是为普通人的记录、分享和表达服务，并没有从地域上专门瞄准三四线城市和乡镇农村群体。目前，快手用户在各层级市场的分布比例，与中国整体移动互联网用户在各层级市场的分布比例大体一致。中国拥有11亿移动互联网用户，而北上广深总人口不到1亿，大部分人口分布在下沉市场。快手之所以在三四线城市和乡镇农村拥有了巨大的用户群，本质上是快手能够匹配用户的需求。2013年，一二线城市用户可以使用的互联网产品很多，但是市场上缺乏一款针对普通人的普惠的短视频产品，快手是第一款，不围绕明星和"关键意见领袖（KOL）"做中心化运营，而是把流量给普通人，让普通人有展示的机会。当2013年智能手机大范围普及后，快手这款产品迅速被下沉市场的人群所发现，其中重要的原因在于这个沉默的群体其实有着很强的表达欲，但市场上缺乏一款门槛低且友好公平的产品。

1. 产品形态及核心技术

作为短视频头部平台之一，快手诞生于2011年3月，最初是一款用来制作、分享GIF图片的手机应用。2013年7月，快手从纯粹的工具应用转型为短视频社区，成为用户记录和分享生产、生活的平台。经过8年的发展，越来越多人在这个平台上分享、展示自己的真实生活。

快手的诞生和变革都与科学技术的发展及应用密切相关。目前，以短视频为主业的快手将人工智能技术作为平台发展的重要基石和核心竞争力，快手自主研发的YCNN深度学习引擎及AR算法，通过人脸识别、姿态估计、肢体识别等技术给用户提供多样化的视频特效。具体而言，作为快手的人工智能核心技术包括：人体姿态估计、人脸检测、手势检测、视频智能优化算法等 14 类。

对于短视频平台来说，通过新技术优化 UGC 短视频内容的核心要素如人物、背景音乐等是提高核心竞争力的重要举措，快手的各项人工智能技术也紧密围绕这些内容核心要素展开。如在优化人物方面，快手利用"人体姿态估计"技术预测人的关节点位置，向用户提供在肢体上加特效或者修改人的体型、做美体瘦身的功能，并且能够实现利用人体姿态去给跳舞动作打分。"Animoji""Landmark""手势检测""人脸检测""3D 人脸重建"等则为快手推出更多个性化的功能提供了技术支撑，如实现"控雨""人脸魔法表情"等特效。而在优化音乐方面，快手自主研发的"音乐检测"通过深度神经网络，对音乐进行节拍检测、旋律追踪、歌曲精华片段检测、歌曲结构抽取等多维度的音乐内容分析，将视频特效等视觉信息与音乐的韵律相结合，让视觉变化与音乐变化匹配，为用户提供优质的视听享受。"短视频自动配乐"能够通过视频标签技术和描述生成（video caption）技术，找到用户想通过视频传递的主题与情感，将其与音乐信息进行匹配，自动找到适合当前视频的歌曲，节省用户的配乐时间，提升听觉信息与视觉信息的契合度，如当检测到视频主题为儿童时，可以自动匹配儿歌。"歌唱修音"通过人声分离技术，从音乐中分离出专业歌手的纯净歌声，再从中提取出歌手的唱歌技巧，如节奏、音准、音色、颤音、气泡音、换气等，将这些唱歌技巧应用到普通用户的歌声中，提升用户的演唱效果。

短视频的呈现效果与用户的使用体验紧密相关，快手将视频智能优化算法作为重要的技术突破课题，研发并应用了多种算法。例如视频需要尽可能清晰，但同时也要求传输流畅，这就需要针对视频复杂度做一些自适应优化。另外，快手也会对每一幅图像的重点区域进行分析，如短视频中人脸的区域往往对观众的观感影响最大，通过智能技术把人脸的区域检测出来并做优化处理，使得整体观感获得提升。此外快手也会检测图像质量，对于视频生产过程中存在一些导致图像质量较低的因素，如拍摄没有对好焦，镜头长期没有擦拭，或者视频经过多次上传和压缩而产生块状瑕疵，快手会把这些问题通过人工智能算法检测出来，一方面提醒用户拍摄的时候注意这些问题，另一方面在做视频推荐时也会优先推送高质量的视频。

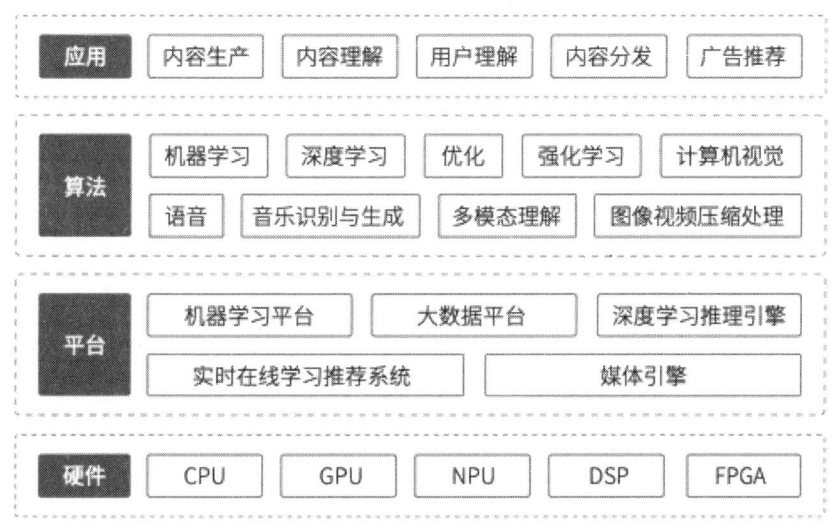

快手 AI 架构

2. 应用场景

人工智能技术是快手产品的架构基础，贯穿于内容生产、内容审核、内容分发、内容消费的全业务流程。

在内容生产环节，人工智能技术的应用主要体现在两方面：一是提升视频拍摄质量。通过快手自行研发的图像增强技术，能够在一定程度上提高视频质量。例如，用户在光线很暗的环境下拍摄，产出的视频往往会丢失信息和细节，通过暗光增强技术，可以将这些细节恢复。二是增加视频拍摄的趣味性。快手希望通过人工智能技术让记录更加丰富有趣，基于这个目标，快手开发了大量多媒体和 AI 技术，比如背景分割、天空分割、头发分割以及人体关键点、人脸关键点、手势关键点检测等。

在内容理解环节，人工智能技术主要从"感知"和"推理"两个维度进行分析。在内容感知方面，快手能够相对精确地捕获人脸、图像、语音、音乐等信息。其中，人脸信息在社交视频中占据重要地位，需要对视频中的人脸进行检测、跟踪、识别，并分析出视频中人物的年龄、性别等属性，挖掘其中的 3D 形状、表情等信息。借助人工智能技术，快手能够感知图像、语音、音乐等继而实现对具体场景、人物状态、环境氛围等的智能化分析并精确匹配相关附加功能。在内容推理方面，快手通过人工智能技术，将视频看作一个整体进行分类、描述及检索。类似于人类将学到的知识保存在大脑一样，通过人工智能技术，机器能够把视频内容整理并存储到知识图谱中，融合感知内容和知识图谱，使得理解视频高层语义及情感成为可能。

快手 AI 的应用场景

在用户理解环节，快手通过大数据分析每一位用户的兴趣偏好，不仅基于视频内容，还基于点赞、评论、观看时长、用户关系等行为数据，除了理解用户的兴趣偏好，还会理解潜在兴趣，以向用户推荐更多相关内容。

在视频分发环节，快手研发了一套规模化的实时推荐系统，它基于深度学习模型,使用万亿级的特征大数据,实现了全链路的实时在线学习,能够将用户实时行为秒级更新到模型,通过检索、预测、排序等子系统实现视频与用户的精准匹配。

3. 用户体验与市场反馈

快手的宣传语为"记录世界,记录你",其价值观是让每个人自由发声,有着去中心化的逻辑。不刻意培养意见领袖,不针对明星进行倾斜,不与头部用户捆绑签约,不设置热点人物、热点话题等榜单。快手的发展壮大也得益于其为普通人设计、让普通人记录生活和自我表达、让沉默的大多数被看到被关注,而快手的普惠和去中心化也正是通过人工智能技术而真正得到了落实和践行。主要有三个方面:

第一,算法普惠和社交分发。快手没有将关注度高的短视频进行刻意推荐和展示,而是利用算法将大量普通人生产的短视频进行社交化推荐,把流量留给普通人。

第二,"基尼系数"。快手在社区内有一个独特的"基尼系数"原则,这个系数是个刚性指标,目的就是调节头部内容和长尾内容的流量不均。快手不追求爆款,当一个短视频的关注度达到一定指标后,系统便开始减少推荐,利用技术让流量更普惠和平均。

第三,基础曝光。每个新用户发布作品都会给予推荐和曝光机会,做到流量公平普惠。

快手有很大一部分用户使用的手机性能相对有限,而先进的人工智能技术对设备计算量要求极高,为了让更多用户体验先进技术,快手对底层平台进行了定制化开发,研发了YCNN深度推理学习引擎,针对不同手机的硬件架构做了高度适配和性能优化,能够确保用户即使使用性能较低的手机,也能在拍摄视频时流畅使用各种魔法表情等新奇特效,优化普通群体的使用体验。

快手是一个设计风格较为简单的短视频社交软件，产品设计逻辑清晰、架构轻盈，操作路径较短、使用便捷，可以让用户快速记录生活中有趣的瞬间。截至2019年5月，日活用户数量2亿，日上传短视频1500万，库存短视频量已达100亿。快手用户群体主要在三四线及以下城市和农村地区中，占其总用户量的64%。

4. 风险挑战及应对

快手在发展过程中面临以下风险挑战：

一是内容版权问题。快手平台上的短视频以UGC生产模式为主，很多用户不具备内容授权使用意识，其创作的短视频内容可能来自对某个长视频的二次剪辑，普通用户在使用图片、音乐、视频等的过程中可能涉及到内容侵权，而快手平台需要承担相应责任。未来，快手一方面需要进一步扩充授权音乐库、图片库、视频库等，给用户提供更多已授权的内容资源；另一方面，要加大人工智能技术研发，从技术角度完善对非授权内容的检测与预警。

二是视频电商消费者的权益问题。在快手平台上，有大量专业商家、普通用户通过短视频进行商品推销、售卖，但平台中的售假现象时有发生，一些造假商贩将自己打造成为快手平台的草根"网红"，将真货换成了伪劣山寨产品，用违法手段获得暴利。由于短视频电商的监管、认定和处理难度高于一般电子商务平台，尤其在审核方面，一些造假用户刻意规避平台审核规则，从用户名到简介再到视频内容，规避手法十分隐蔽。有的售假短视频内容，甚至还包括如何逃过平台审查的教程。快手应当探索建立相应的审核、投诉、仲裁等制度，保障消费者的合法权益。

三是推荐算法形成的信息茧房问题。快手的分发机制主要借助人工智能技术中的推荐算法，而这种模式能够精准匹配用户兴趣偏好的同时也必然导致信息茧房。快手较早注意到该弊端，建立了社区机制，一定程度上可以避免因兴趣推荐而形成信息茧房。在同一个社区中，汇聚了有一定相似度但兴趣偏好却不完全一样的用户群体，分发系统将统筹个人及群体的偏好，基于这个逻辑的推荐算法可以真正顾及到长尾视频，让更多的人被看见。

5. 前景与趋势

中国短视频行业发展迅速，市场规模迅速增长，预计2020年将达1916亿元。而且短视频平台凭借碎片化、高传播、低门槛的特性，迅速获得了较大的用户规模且仍存在较大的用户发展空间，预计到2020年，中国短视频用户规模将达到6.67亿人。更高速的网络、更便宜的流量、更强大的硬件也都为移动视频的发展提供了良好的环境，也成为移动视频用户规模增长的重要基础。

快手属于一种短视频社区产品形态，高度依赖人工智能和大数据技术，其之所以能快速扩大用户规模，正是源于深厚的技术积累和领先的技术研发能力。随着5G时代的到来，短视频可能会迎来新一轮大发展。视频的清晰度会更高、观看视频的资费会更低、平台上的互动也会变得更加实时，更多的普通人可以参与内容创作，短视频会成为内容传播的主力。随着人工智能技术的不断进步，快手等短视频平台在提高人与人的连接效率、提升每个人独特的幸福感方面可能会有更好的表现。未来，每个个体面对的是一个数字世界，而当今世界的数字化尚处于初级阶段，随着5G、物联网以及新型智能终端等的不断深化应用，更大的机遇可能即将到来。

技术篇

"媒体大脑"
将技术之力赋予内容生产者

智能时代：媒体重塑
THE UPGRADING OF MEDIA
IN THE AI ERA

案例 "媒体大脑"：将技术之力赋予内容生产者

作为中国第一家也是目前唯一一家由国家级媒体和头部科技公司合资成立的人工智能科技公司，2017年6月诞生的新华智云已研发了中国第一个媒体人工智能平台"媒体大脑"、第一个短视频智能生产平台"媒体大脑·MAGIC"，国内首次发布30+款媒体机器人和国内首个融媒体中心智能化解决方案，促进媒体行业实现人工智能技术落地。目前新华智云已申请64项专利，取得14项软件著作权，成为中国最大的媒体"机器人"生产商和服务商，被誉为中国最了解媒体的技术公司、媒体行业数字化和智能化升级的重要推动者。

一、产品形态及核心技术

智能技术对传媒业的赋能一度以分发侧为主。在新的数字经济时代，新华智云聚焦生产侧，致力于"将技术之力赋予内容生产者。凭计算之力，求数据洞察；赋万物为媒，迎智能时代"。

从2017年12月26日发布中国第一个媒体人工智能平台"媒体大脑"，到2019年11月26日正式发布"媒体大脑3.0"——国内第一个面向融媒中心的智能化解决方案，新华智云核心产品"媒体大脑"经过了多次演化迭代。"媒体大脑3.0"以区块链技术和AI审核为显著特征，集成了更多人工智能模块和数据模块，拥有性能更强大的"数据心脏"和"智能引擎"，以整体解决方案的形式赋能各类融媒体中心，为媒体提供"策、采、编、发、审、存"全流程赋能，也形成了一条完整的短视频智能生产流水线。同时，针对不同融媒体中心的需求，"媒体大脑"支持多种部署方式，既可以整体新建融媒中心，也可以化整为零以模块化的方式，对已有的融媒中心进行智能化升级和改造。

最初发布的"媒体大脑"包含八大功能：2410（智能媒体生产平台）、新闻分发、采蜜、版权监测、人脸核查、用户画像、智能会话、语音合成。

在此基础上，2019年这些功能发展成为分布在采编审发等环节的30余款媒体机器人。助力采集新闻资源的媒体机器人有：突发识别机器人、人脸追踪机器人、安全核查机器人、文字识别机器人、数据标引机器人、内容搬运机器人、多渠道发布机器人、热点机器人等。助力新闻人处理新闻资源的媒体机器人有：智能会话机器人、字幕生成机器人、智能配音机器人、视频包装机器人、视频防抖机器人、虚拟主播机器人、数据新闻机器人、直播剪辑机器人、数据金融机器人、影视综快剪机器人、体育报道机器人、会议报道机器人、极速渲染机器人、用户画像机器人、虚拟广告机器人、一键转视频机器人、视频转GIF机器人等。

MAGIC短视频智能生产平台主要包括三个方面：一是现场新闻的视频生产，现场报道资源实时进入MAGIC，通过视觉、语音、自然语言等多维度的智能化处理，实现标签化及结构化，并凭借媒体大脑的智能价值判断、智能标签整合能力，快速生成有看点的短视频片段，批量生产主题聚合类视频。二是长视频的短视频化生产，运用人脸识别、经典台词匹配、弹幕数据分析等多种技术手段，智能辅助影视剧、综艺节目的短视频生产。三是通过交易及共享模式为内容用户提供新闻数据资源，让用户更加容易获取所需素材，并进行内容生产，如与多家素材供应商取得合作，形成外部数据、音乐、图片、视频等素材生态，让用户可轻松实现高效、快速的素材采购、检索和调取。

"媒体大脑"的算法机制包括了场景识别、语音合成、视频合成等能力。这部分算法是为了从外界发掘信息，需要一种一种模式、一个一个场景地去积累，各类别的算法则是相对独立的。目前在火灾、爆炸、碰撞等特定场景中，"媒体大脑"的识别算法已经达到了良好的准确率。在2019国际计算机视觉大会（ICCV）CoVieW视频综合理解挑战赛上，凭借在视频内容理解领域的算法积累，新华智云团队获总成绩第一名。团队通过将视频综述问题形式化为基于内容的视频推荐问题，提出不同于以往视频综述研究的解决思路，通过重新设计的深度学习网络结构，有效提升了算法的表现。此外，通过数据增强和多任务学习等方法，对在数据集有限的情况下提升算法的泛化能力进行了探索。

二、应用场景

"万物皆媒"的趋势，赋予了"媒体大脑"更多想象空间。"媒体大脑"可以将人、物、视频、文本等所有的信息串联在一起，融合云计算、物联网、大数据、人工智能等多项技术，为媒体机构提供线索发现、素材采集、编辑生产、分发传播、反馈监测等服务，产生了多项应用和模块。

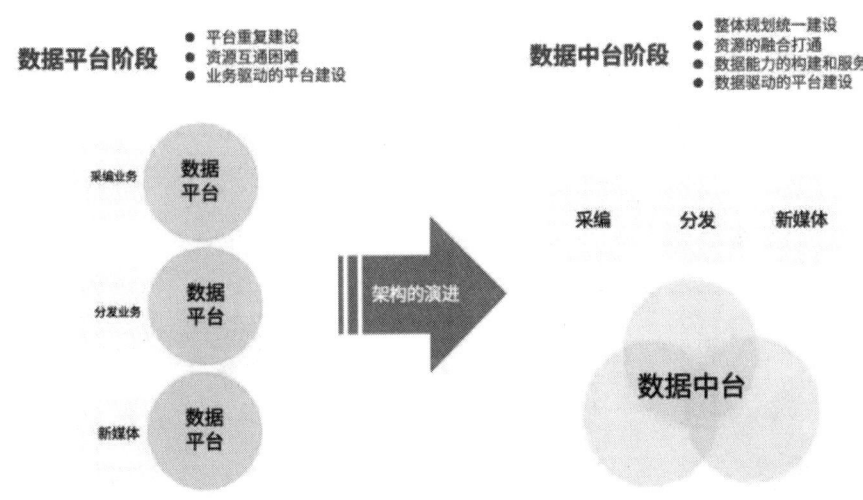

图1 "媒体大脑"构架的演进

在业务流程上，媒体大脑正在逐步实现数据全汇聚、能力全输出、服务全覆盖、业务全兼容。依托大数据、人工智能技术从采、策、查、产、审、发、评、传、舆等业务环节重构媒体业务流程，打造智能全媒体生态体系，实现资源云端化、内容垂直化、服务场景化和产业智能化。

"媒体大脑"的效能体现在：在更高层面上把人与物的延伸连接起

来，更快、更准、更智能地获得新闻线索和新闻素材，赋能记者和编辑，帮助媒体提高生产力。速度上——"唯快不破"，增强新闻时效性；产量上——海量、高产，智能生产专业新闻；表现形式上——融媒体表达，数据新闻可视化、虚拟主播多样化、交互式体验等。"媒体大脑MAGIC"已在2018世界杯、亚运会世界人工智能大会、进博会等重大活动的内容生产中取得不俗成绩。

1. 强化人力

通过记者感官的强化和延伸，增加了新闻资源，通过摄像头、传感器、无人机、行车记录仪等智能采集设备，结合新闻发生地附近的多维数据，实时检测新闻事件，可以帮助记者发现第一手的新闻线索，并给记者提供多维度信息和数据，从而提升报道广度和深度。数据可视化模板，降低了数据新闻门槛，使记者很容易上手。字幕生成机器人让记者编辑可以根据视频同期声一键为视频添加上字幕。

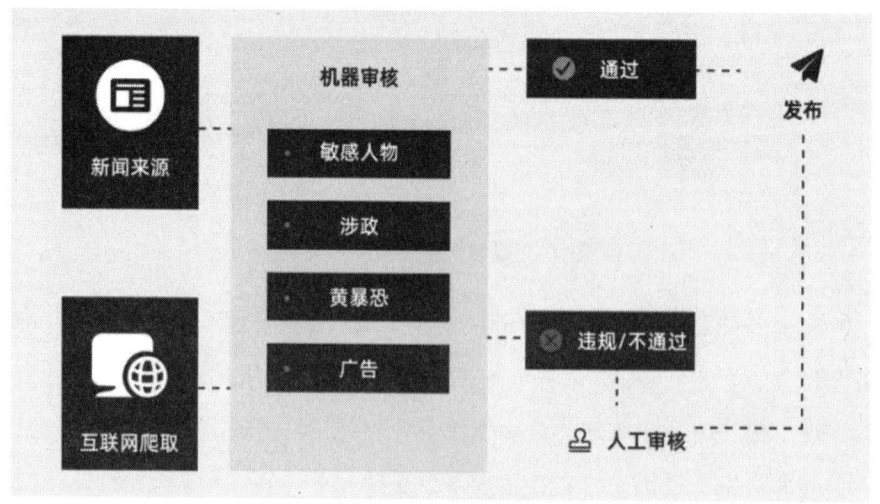

图2 智能审核流程

2. 活用数据

"新闻即数据,数据即新闻",从数据中挖掘新闻,新闻可沉淀为数据,这是媒体大脑的产品逻辑。通过存量数据和新增数据管理,媒资库更便于检索和调用。记者借助智能工具应用,可避免简单枯燥的工作,提升效率;可以探寻背后庞大的新闻资源,实现人机协同的新质变。借助精准的人脸识别系统,可以在海量的图片、视频素材中确认特定人物,大大减轻事实核查环节的工作量,在源头上防止虚假新闻和差错新闻的出现。"媒体大脑3.0"攻克视频审核难关,基于深度学习多模态理解涵盖人脸核查类,敏感标识类、色情、恐怖、暴力类内容等,可以显著降低内容风险,节省审核人力。

3. 保护版权

"媒体大脑版权区块链"是首个被互联网法院认可的版权区块链并首批获得网信办境内区块链信息服务备案,是颇具公信力的版权区块链。而它的底层技术来自蚂蚁金服的蚂蚁区块链,得益于智能化的一站式版权保

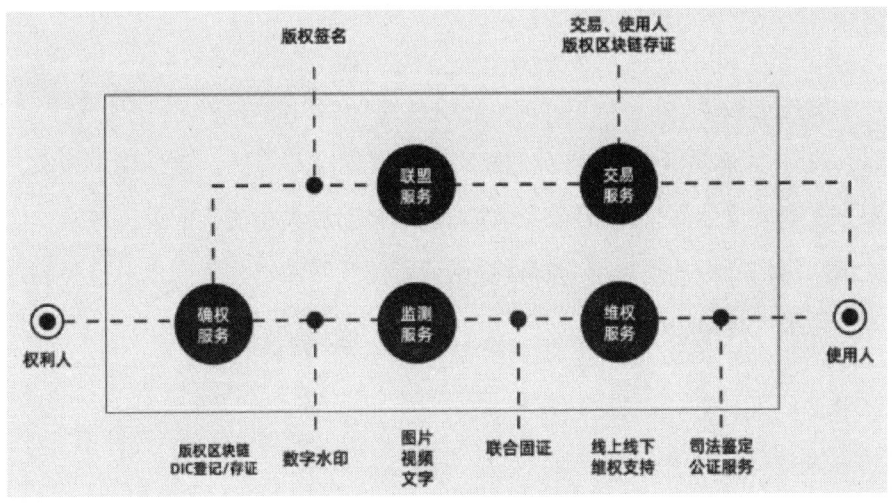

图3 区块链版权保护流程

护平台，内容创作者可以轻松将自有版权作品进行确权，通过新华智云全网监测系统，用户可以便捷高效地了解自有作品的传播情况。一旦发现侵权，内容创作者可以使用电子取证工具进行证据固定，一系列的行为都将在区块链技术支持的可信任的环境下执行，关键环节数据实时上链，形成不可篡改的有效证据，在发生纠纷时经过授权法院可直接调取相关证据快速审判。

4. 刷新形态

基于内容源的"大数据"，人工智能技术可以对内容"零件"进行重构和组装，生产的内容也会是千变万化的，以数据+技术+内容的融合为新闻生产释放出不一样的魔力。新闻会话机器人可通过对新闻大数据的学习，与网友实时进行新闻对话和互动。智能语音合成系统可以将文字生成音频，使文字新闻通过智能家居、汽车音响等各类渠道到达用户，进一步延伸新闻内容的传播路径。24小时在线的虚拟主播机器人，用户可以选择主播情绪、播报背景，甚至定制专有主播形象，一键生成AI新闻播报。

5. 把握效果

媒体大脑3.0研发出符合党媒需求的智能推荐算法，集合用户画像，根据受众阅读偏好推荐新闻，稿件列表中自动放大主流价值观稿件推荐的比值。用户画像功能可以为媒体提供读者阅读习惯、位置变化、行为偏好等更详细、精确的信息。

覆盖微信、微博、今日头条、抖音、百家号及网站等主流传播渠道，效果实时监测

图 4　全媒体传播效果分析

三、用户体验和市场反应

人工智能产品必须和具体的领域、场景结合，并靠落地效果来衡量价值。从实际应用来看，媒体大脑"机器脑+人脑""技术+内容"的落地应用使新闻生产更加丰富、更有效率，已有不错的成效和反响。

截至 2019 年 11 月，媒体大脑已累计帮助用户处理媒资超过 1300 万条，生产短视频 32 万余条，大幅度提高了采集和处理新闻资源的效率和产量。在智能媒资领域，已覆盖超过 700 万机构实体，超过 1.4 万地点实体，超过 300 万人物实体，可以将实时的新闻热点一网打尽，自动匹配关联媒资，还能实时追踪热点路径，并综合算法模型评估热点价值，保障热点榜单内容的高质量呈现。

"媒体大脑"用户规模结构也逐渐扩展，包括新华社、浙报传媒等主流媒体机构，也包括各类会议及成都马拉松、杭州的元气音乐节文体活动等垂直领域。"媒体大脑 3.0"方案已在江西省融媒体中心、齐鲁智慧媒体云等平台落地并在不断迭代完善中，逐步实现各级媒体内容生产、安全核查的智能化。从辅助地震、台风等突发事件的视频报道，到为视频添加

字幕的日常操作，媒体机器人带给新闻人的普遍感受是"操作简单、提效明显、成果专业"。通过不断创新生产模式，提高生产传播效率，提升融合报道种类、数量、质量和效果，媒体融合随之向纵深发展，更提高了新闻信息产品覆盖面、影响力、主流舆论引导力。

数据新闻机器人使得数据新闻的制作门槛降低，生产效率和精准度大为提高。用户反映，传统的数据可视化视频，通常使用软件模板，虽然样式好看，但各组数据之间的比例往往是由后期估算出来的，无法和数据精准对应。现在媒体大脑 MAGIC 上生产的数据新闻视频，可视化准确，动画呈现也非常直观专业。

四、风险挑战及应对

媒体大脑是新闻生产领域的一个突破，提高了内容生产效率，简化了生产流程。但是作为一个新生事物，媒体机器人在用户体验等方面还有进一步完善和优化的空间。

"媒体大脑"智在"机器算法"，但仍需要"人工机制"的辅助，其本质其实是"人的智慧+机器的智能""全量数据+人机协同"的工作模式。一是"媒体大脑"产出的内容及其质量在一定程度上依赖于人工的经验和反馈。二是在判断黄色、暴力、敏感等内容方面，现有的智能技术可以进行初筛，但最终还是需要人的再校对。三是人工审核的依赖度会随着人工智能算力和算法的演进而逐渐下降。

为预防算法风险，"媒体大脑"做了两个工作：一是严控数据源，维护一个可信的媒资列表，内容生产仅在此范围内取材。"媒体大脑"正在建立一个全球最大的新闻资讯库，包括主流媒体和自媒体，既有规整的新闻类文字、图文、音频、视频稿件，也有看似杂乱无章的各类 UGC 内容。通过结构化、标签化等处理，使其成为可供大规模使用的数据。这就相当于大量有经验的媒体工作者已经为"媒体大脑"把了第一道关,从而降低了出现不良内容的概率。二是在出口上,"媒体大脑"拥有自己的审核队伍,只有达到一定质量标准的 MGC 视频才会被发布,未发布的 MGC 视频为其演进提供内容反馈和反向样本。

新闻模式化是人们对机器生产内容的另一个担忧。为此,"媒体大脑"采取了两个办法:首先,可以设置多个不同模板;其次,在同一模板下,基于内容本身的丰富多样性,人工智能技术可以自动把内容的精彩片段识别出来。同时,智能化生产为媒体人的创意能力提供了新空间也提出了新要求。一方面,技术人员做好智能模板的设计后,只要把直播源、视频源接入,流水线就可以源源不断地产出内容,最大程度释放媒体人的精力;另一方面,平台通过把素材中的人物、地点等标识出来,编辑做二次加工时可以迅速定位精彩片段再做加工,这个过程仍然需要创意。

五、前景与趋势

5G 大规模商用后将催生摄像头新闻、无人机新闻、传感器新闻,以及增加其他各种采集信息终端。万物为媒,万物互联,信息采集点暴增,海量、及时、多元的数据将极大丰富人工智能生长的土壤,滋养和训练新闻算法。依托媒体大脑 MAGIC 短视频智能生产平台和数据中台,新华智云或将推动更大规模、更具现象级影响的视频传播出现。

同时,新闻人在收集信息和分发信息的时候面对的智能终端更加多样化,新闻会变得无处不在,呈现形式也将千变万化。更多海量内容在线化,加上打准基础标签和数据抽取能力,进一步拓展应用空间,自动化生产内容更为丰富高效;人工智能给媒体人提供更多线索、角度和创意空间,为更多样人性化的内容生产创造了条件。这为"媒体大脑"扩大应用范围和提升应用效果提供了重要契机。

科大讯飞

让机器能听会说,能理解会思考

智能时代:媒体重塑
THE UPGRADING OF MEDIA
IN THE AI ERA

当 21 世纪初人工智能在语音识别和图像识别领域取得突破并开启产业化步伐时，科大讯飞就确定了专注语音产业的发展方向，并已经成为亚太地区知名的智能语音产业上市公司，多次荣获"国家科技进步奖"以及中国信息产业自主创新最高荣誉"信息产业重大技术发明奖"，在《麻省理工科技评论》"2017 全球 50 大最具技术创造力企业"中，位列全球第六、中国第一。

从智能语音技术起步，开发智能语音平台，建立中文语音交互技术标准，科大讯飞在人工智能领域逐渐成为领军者。伴随着消费端产品持续输出，讯飞输入法、讯飞翻译机等让越来越多人看到了中国科技企业在人工智能领域的跃进。

一、产品形态及核心技术

在人工智能产业爆发的关键窗口期，科大讯飞加大人工智能技术和应用的投入力度，连续 5 年保持研发投入超过销售收入的 20%。近年来讯飞在语音识别、语音合成、机器翻译、常识推理、知识发现、机器阅读理解、图像识别、图文识别、认知理解等领域，多次在比赛和评测中拔得头筹。这些核心技术的研发平台和成果，构成了讯飞生命树的"根系"，技术中心、硬件中心、职能支撑、营销支撑构成了讯飞生命树的主干，而在"让机器能听会说，能理解会思考，用人工智能建设美好世界"的目标驱动下，各个具体业务方向和产品类型成为讯飞生命树结出的果实。

回顾科大讯飞的智能语音技术研究之路，深度学习一直贯穿其中。2010 年，中国开始进行深度神经网络（DNN）语音识别研究，科大讯飞也参与其中，并随后推出了业界首个基于深度学习框架的商用中文语音识别系统。此后，为了解决语音识别系统在实验室与实际场景应用准确率落差的问题，研发团队以 1 年半左右的周期持续推进技术框架迭代更新。

由于循环神经网络（RNN）开始逐渐替代传统的深度神经网络（DNN）成为主流的语音识别建模方案，2015年，全新的循环神经网络（RNN）语音识别系统全面升级。2016年，在提出前馈型序列记忆网络（FSMN）新框架后，科大讯飞结合经验再次创新性研发出深度全序列卷积神经网络（DFCNN）。目前，讯飞语音识别系统实现了高速迭代，一般场景下的识别准确率可达98%。

从智能语音技术开始，再到人工智能技术，科大讯飞在技术领域走上一条由"运算智能"到"感知智能"再到"认知智能"的沉淀和演进路径。运算智能指的是机器"能存会算"，在这一阶段，机器已经远超人类了。感知智能就是让机器"能听会说"，机器听清人说的话，依靠的是语音识别技术，机器开口说话，需要的是语音合成技术，目前讯飞中文合成音在业界也是全世界唯一超过普通人说话水平的系统。认知智能就是让机器"能理解会思考"，即能够理解语言、进行知识表达和逻辑推理，是人工智能发展的难点与重点。科大讯飞从2014年起就启动了"讯飞超脑"计划，专注认知智能领域的研究。2017年起科大讯飞正式承建我国首个认知智能国家重点实验室，这也是我国在认知智能领域的第一个国家级重点实验室。

科大讯飞将感知智能与认知智能紧密结合，在不同领域中相辅相成。通过语音识别和语义理解在底层的深入融合，在语音交互上，目前已经研制完成可量产的支持远场识别、全双工、多轮交互、方言识别等特性的软硬件一体化的AIUI产品方案，显著提升了人机语音交互的成功率和人机交互开发的便捷性，并成功在智能音箱、智能电视、智能汽车、智能家居、智能机器人等领域实现广泛的应用落地。

二、应用场景

科大讯飞凭借"能听会说，能理解会思考"的机器智能，不断扩展至多个应用场景,已经形成三个同心圆。第一层是核心层,围绕"讯飞超脑"形成了教育、智慧城市、消费者、政府、智慧医疗、智能服务和智能汽车等业务领域;第二层是探索层,鼓励内部实施创业机制和战略合作机制,通过资本纽带的形式推动人工智能产业化;第三层是开发层,围绕人工智能核心开发平台,为创新创业者提供技术和数据支持,助其在各应用领域进行业务创新,推动整个产业生态构建。

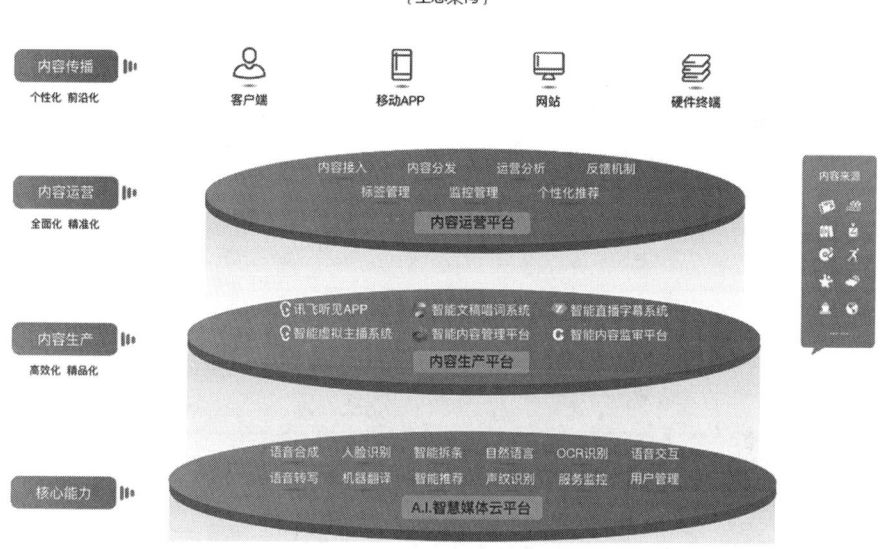

图 1 科大讯飞智慧媒体生态构架

在新闻传播领域,科大讯飞已经构建了一套 A.I. 智慧媒体解决方案、一套成熟的生态构架。基于"A.I. 智慧媒体云平台"的核心能力,包括智能语音和机器视觉技术(语音识别、语音合成、人脸识别、智能拆条、自然语言、OCR 识别、语音交互、语音转写、机器翻译、智能推荐、声纹识别、NLP、涉黄涉恐监控、场景/事件识别、服务监控、用户管理等),打造出高效化、精品化的内容生产平台,全面化、精准化的内容运营平台,个性化、前沿化的内容传播体系。

在内容生产层面，科大讯飞通过"A.I.智慧媒体云平台"为媒体工作者提供"采编播审存"一整套流程的产品，包含编辑制作环节的"智能文稿唱词系统"，播出环节的"智能直播字幕系统"与"智能虚拟播报系统"，监控与审核环节的"智能内容监审平台"，存储环节的"智能内容管理平台"。

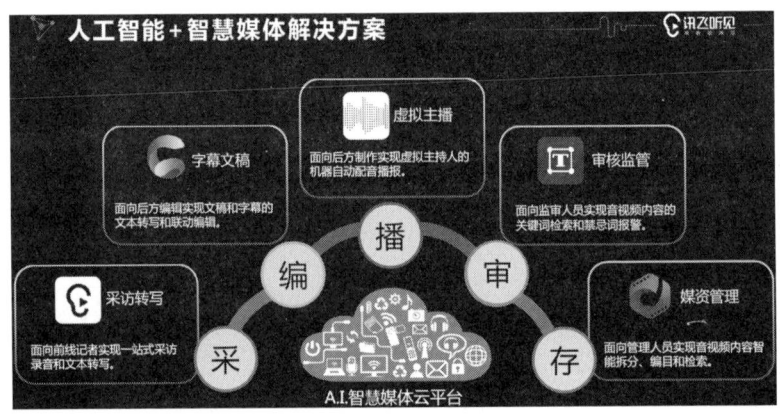

图 2 科大讯飞人工智能+智慧媒体解决方案

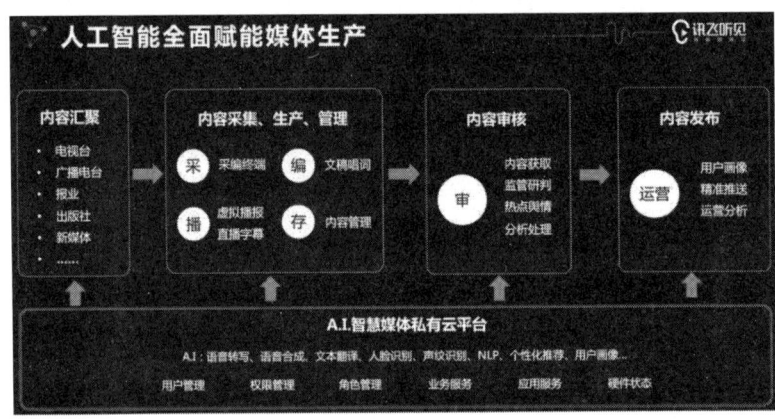

图 3 科大讯飞赋能媒体业务流程

"A.I. 智慧媒体云平台"具有多形态服务方式，具备软硬件两种产品形态，匹配客户需求进行安全可控的私有云部署。通过集成标准的 SDK/API，为用户提供语音识别、语音合成、自然语言理解等功能和服务。拥有易调用的统一接口（一键输入目标内容即可获取返回内容，无须二次集成开发组合调用,接口易用)、统一管理的控制后台(能力介绍试用、API 接口试用说明、服务监控,让人工智能的使用更简单,7×24 监控让服务更安全),具有根据业务定制、使用效率高、服务稳定性实时性高、可扩展性强、安全保密等优势。

1. 采访录音整理

采访录音整理耗时耗力,存在拾音效果差、音质嘈杂、拾音距离较远、音质不清晰、音频隐私无法保障、文件易泄露等问题。讯飞听见的语音转写可以实现 1 小时音频 5 分钟出稿。

2. 文稿字幕制作

传统节目字幕制作费时费力,存在来源多、数量大、效率低、成本高等问题。讯飞的智能文稿唱词系统可以实现智能语音转写、智能文稿断句、自动时码对齐、多语种翻译、文本音频联动编辑、多种格式导出。

3. 虚拟视频、语音播报

针对音视频播报海量化、主持人工作强度高的痛点,科大讯飞 AI 虚拟主播利用讯飞的语音合成、语音识别、语义理解、图像处理、机器翻译等多项人工智能技术,实现了多语言的新闻自动播报,并支持文本到视频的自动输出。可以实现虚拟形象、多语言播报、声音定制、实时合成、表情生成,支持音频、视频实时快速导出,满足各种场景的内容自动化生产。

针对传统有声书(有声新闻)制作成本高、效率低等问题,讯飞人工智能技术可以实现有声书制作批量化。

在新媒体运营上,创意 H5 制作技术不仅拥有特色、明星、名人 IP 声音的授权使用,还可以进行声音个性化定制,如用户 UGC 可生成专属语音以及电音、Freestyle、方言 Rap 等多种搞怪音效。敏感词检测可降低传播风险。与传统的 H5 相比,智能化的 H5 产品以其定制化、交互式增强个性化、参与感,带动传播分享。

4. 媒资内容智能监审

随着媒资的"海量化",内容监审压力越来越大。机器辅助可以实现多通道实时报警提示,关键词、人脸、声纹等多维度分析研判,历史音视频挖掘,关键问题提取及舆情研判内容自动化报告提交等功能。

5. 智能媒资管理

语音识别可以实现对音频的快速检索和编目、音字同轨、多维度标签和智能编目。将音频数据分类集中管控,获取当期全量资源库并数据化;通过智能语音撰写技术转写成文本,形成音字对应的数据文件;结合媒资结构化标签,对转写后的海量视频资源进行管控;在信息检索、用户画像、资源分类、大数据分析等方面挖掘数据价值。

三、用户体验与市场反应

截至 2019 年底,讯飞开放平台开发者总量超过 110 万,生态合作伙伴达 160 万。讯飞输入法累计用户超过 7 亿,月均活跃用户超过 1.4 亿,语音活跃用户占比 61%,支持 23 种方言;讯飞翻译机 3.0 支持多语言互译,覆盖近 200 个国家与地区语言,其中中英在线语音翻译水平达 CATTI 英语二级标准,新增了多个翻译语种,支持老挝、波斯、乌尔都语等"一带一路"沿线国家的语言翻译,以及普通话与粤语、维语、藏语的即时互译,此外还支持粤语、四川话、东北话、河南话四大方言与英语的互译。

在近期宏观经济影响以及科大讯飞向人工智能 2.0 战略调整的背景下,科大讯飞 2019 年上半年实现营收 42.28 亿元,同比增长 31.72%;毛利

21.33 亿元，同比增长 33.11%；实现归属于上市公司股东的净利润 1.89 亿元，比上年同期增长 45.06%，扣非后净利润增长达 56.61%。其中，消费者业务智能硬件实现营业收入 4.93 亿元，同比增长 47.80%；教育产品和服务实现营业收入 9.79 亿元，同比增长 48.86%；政法业务实现营业收入 4.59 亿元，同比增长 31.58%。从这些数据中可以看到，在 To B+To C 双轮驱动下，科大讯飞正在迎来新利润拐点。

传媒领域虽然占比不大，但科大讯飞对其的 AI 研发赋能不断走向系统化规模化。通过战略合作、联合成立实验室等形式，科大讯飞已经与国家新闻出版广电总局广播科学研究院、安徽广播电视台、上海广播电视台等广电系统，以及人民日报、新华社、人民网、央视网等主流媒体深度合作，今日头条、新浪财经等移动客户端，喜马拉雅、得到等阅读（听书）类创新应用中也有科大讯飞的技术加持。

科大讯飞与新华社的合作比较典型。科大讯飞承担新华社全媒体采编发项目语音智能分析服务子项目，提供语音识别、语音合成的能力以及录音调听工具和语音大屏控制模块。语音转录功能提供了中文普通话、英语录音转文字的功能，中文、英文转换准确率较高，使用便捷，便于记者更迅速地整理素材形成内容，并支持记者采访时实时转录，功能实用。

消费端的讯飞语音转写工具听见"M1"采访辅助工具，成为 2019 年两会报道的一个亮点，其快速与准确备受瞩目。同时，科大讯飞与央视合作打造的人工智能记者助理"小白"复刻了著名主持人白岩松的声音，并学习了大量两会知识，作为记者助理向参会媒体及时提供两会信息。讯飞听见、讯飞智能办公本、讯飞智能录音笔等产品都是记者的好帮手。

智能文稿唱词系统将人工智能技术与电视节目制作流程相结合，设计出人机耦合字幕生产流程。智能文稿唱词系统一方面进入传统广电，如在 2019 年春晚及《今日说法》《我爱发明》《海峡两岸》等 500 多期常规节目字幕制作过程中广泛应用，一方面通过讯飞听见网站在线字幕制作应用为新媒体提供 Vlog 后期字幕制作等服务。智能文稿唱词系统将传统电视字幕流程由听写、核对修改、拍唱词、修改时间点、审核 5 个步骤，简化成语音转写、核对修改、字幕生成审核 3 个步骤，新流程的生产效率比传统流程的生产效率平均提高 3 倍，并抛弃了几十年来"拍"字幕的历史，缩短了电视字幕制作占用优质后期机房的时间，提升了后期机房节目产出率。

表 1 文稿唱词制作的效率对比

	转写/听写	准确率	校对	拍唱词/唱词导入	校对唱词	总耗时
机器转写	2m	86.92%	80m	2m	30m	1h53m
普通人工听写	90m	97.79%	74m	34m	64m	4h22m
速录员听写	40m	99.16%	35m	32m	59m	2h46m

AI 虚拟主播产品革新节目播报形式，更快速、更高效、更稳定、更丰富。科大讯飞对虚拟主播产品的研发始于 2018 年 3 月份。运用自主研发的最新语音合成、图像处理、人脸检测、口唇驱动等多项人工智能技术，面向电视媒体和新媒体等节目播出场景，以提高新闻内容生产效率、降低新闻视频制作成本、缩短新闻节目制作时间为设计出发点，打造了全球首款多语种 AI 虚拟主播产品，支持文本到视频的自动输出。产品推出后不到半年，前后合作各类媒体、报业集团客户就超过了十几家，AI 虚拟主播小晴的身影广泛传播，如 AI 主播问政、紫金山新闻 AI 播报等等。同时科大讯飞为一些头部媒体定制、辅助打造了 AI 虚拟主播形式新节目，如人民智播报等。这个功能还被应用在学习强国客户端中，直接将新闻读出来，语音、语调都基本是播音员的级别，断句自然。

讯飞人工智能技术深度嵌入融媒体产品制作中。新华社语音类 H5 产品——《确认过眼神，这是我的老课文——新华社邀您和大咖一起诵读经典》，选取历年人教社版语文教材中的经典课文，邀请莫言、鞠萍等文学文艺界名人带领受众诵读，运用科大讯飞语音识别、语音测评等技术为互

动朗读者测评打分，融怀旧、趣味为一体，推出后仅半小时就实现 10 万 +
浏览量，阅读总量 250 万 +。

四、风险挑战及应对

用户隐私与数据安全是首要问题。讯飞输入法、讯飞听见等产品，依靠的都是海量的用户数据，包括 B 端和 C 端。在此过程中，用户隐私对于技术来说是透明的；数据权益与安全在技术的合法化形式下，并不能杜绝数据滥用和泄露的可能。万物互联、人人互联的趋势下，这种伦理问题将愈发凸显。

数据资产和版权问题是科大讯飞与传媒业共同面临的问题。在人工智能领域，没有场景的大数据是没有价值的。目前，传媒业提供数据和场景，科大讯飞以之训练其人工智能产品，由此形成的优化和提升对于甲乙双方来说是双赢，但是存在一个收益权重与话语权重的问题。这需要双方在长期合作中探索清晰合理的规则。

对于科大讯飞来说，还有一个同业竞争的挑战。深度学习降低了智能语音技术的壁垒，让后来者与先发者站在了同一起跑线上。技术层主要依托基础层的运算平台和数据资源进行海量识别训练和机器学习建模，以及开发面向不同领域的应用技术，主要有语音识别、自然语言处理、计算机视觉、深度学习技术等，这是科大讯飞的主战场，也是科技巨头和众多创业公司争相进入的领域。同时，在将来的人工智能和物联网时代，参与者只会越来越多，房地产商可做智慧家居，家电厂商可做智慧家电等等，几乎每一个细分垂直的领域都会有竞争者加入，整体竞争格局呈现多元化和去寡头化。科大讯飞在体量和获益能力上还是难以与互联网巨头公司比拟。在与市场巨头和业界新锐的竞争中，科大讯飞要在垂直领域跑得更快、更准、更深。

五、前景与趋势

人工智能到了什么阶段，主要看三个方面：一看有没有看得见摸得着的案例，二看是否有规模化推广的产品和系统，三看是否能够用统计数据来说明应用的成效。以此观之，2019年可以被视为人工智能应用红利的兑现年，人工智能已经进入了规模化应用的落地期。

未来，5G助推下万物互联将成为IT产业的第六次浪潮，语音将成为最重要的人机交互方式。相比于触觉交互，语音交互更加符合人类向外界输出信息的自然方式，且可以有效满足"人机分离"场景下的远场交互需求。随着移动互联网、大数据、云计算技术的进步，语音交互技术有望成为物联网时代的入口级技术，从而具有良好的增长前景；语音交互技术（语音合成、语音识别、自然语言处理）与人工智能技术深度结合的领域，亦有着广阔的市场空间。

人工智能无论是技术成熟度、社会效益还是经济效益，都具有厚积薄发的特点，需要达到一定运营规模后才会实现边际收益的飞跃。目前，科大讯飞已经在教育、政法、运营商、消费者业务等多方面落地了真正可以商用的产品和服务，并获得现金流和正向利润。对于近年来发力的传媒领域，科大讯飞对传媒业的赋能与传播业的反哺，也将随着媒体融合从顶层设计到底层探索的深入而有新的想象空间。当然，这个更依赖于三个方向的聚焦突破：一是算法突破，面对小样本、无监督、个性化问题的基础理论将持续突破；二是脑智同飞，脑科学研究和数学统计建模方法深度结合；三是人机耦合，人工智能系统和人类行为协作的人机耦合方式持续探索。在这三个方向上的探索成效，直接决定了科大讯飞未来在人工智能竞技场中的位置。

第三部分

问卷调查

问卷调查报告

智能时代：媒体重塑
THE UPGRADING OF MEDIA
IN THE AI ERA

人工智能技术的飞速进步正在深刻地影响着媒体的变革与发展。为全面系统地了解媒体应用人工智能技术的现状与问题，新华社联合浙江大学面向国内媒体机构开展了"人工智能时代的媒体变革与发展"主题问卷调查，共回收有效问卷 951 份。本次调查的受访者来自全国 31 个省份的百余家媒体，调查范围涵盖通讯社、报纸、广播、电视、网站、新媒体业态等各类媒体机构，调查对象涉及业务管理者、新媒体项目和运营负责人、普通采编人员及技术研发人员，样本结构合理且具有代表性（样本的人口特征等描述性统计结果见附表）。课题组运用社会统计软件 SPSS20.0 对调查数据进行了分析研究，现将主要发现简要报告如下。

【主要发现】

● 调查数据显示，超八成受访者认为国内传媒业对智能技术的应用呈现出积极态势。不过超四成受访者表示，目前国内传媒业对人工智能技术的应用程度及效果一般。

● 近半数（49.2%）受访者认为人工智能技术的应用，使媒体舆论引导能力增强，传播效果提升明显。同时，受访者普遍认为新媒体业态、机构对于人工智能技术的应用效果好于传统媒体。

● 大多数受访者认为，人工智能对媒体采编发流程的影响最大。国内新闻工作各业务环节中，人工智能应用渗入度最高的集中在舆情监测/线索收集、内容精准传播、用户画像等环节。人工智能应用对新闻报道的时效性、个性化新闻分发的精确度、新闻生产效率的帮助作用最为受访者认可。

● 受访媒体人印象最深的智能应用是今日头条算法推荐和个性化信息流分发，新华社、人民日报等推出的 AI 合成主播，以及新华社"媒体大脑"。

● 人工智能技术驱动的新的媒体业态中，受访者印象最深的集中在视频平台（快手、抖音等）、资讯定制类平台（今日头条、一点资讯等）及网络社交类平台（微博、微信等）。

● 受访者知晓程度最高的五项智能技术是AI合成主播（39.0%）、算法推送新闻（39.0%）、机器人写稿（37.6%）、舆情监测/新闻热点抓取和预测（36.2%）以及智能检校（监测新闻稿件中的可疑或高危文本/图片并进行预警）（34.1%）。

● 综合受访者在使用频率、易用性、重要性、对效率的提升程度等维度的打分情况，传媒领域落地的五大"明星"智能技术是：原创识别及盗版追踪、视频字幕生成、算法推送新闻、图片视频自动分类以及采访助手（自动把采访的语音或视频转化成文字辅助编辑写稿）。

● 总体上，超八成受访者认为人工智能对传媒业整体影响大。近七成（67.2%）的受访者认为，人工智能将会不断催生新的媒体业态。同时，超八成（82.9%）受访者认为国内媒体融合发展进程中，人工智能技术的应用空间大。

● 数据显示，人工智能在传媒业运用中存在的问题，集中在假新闻识别难度加大、自主研发运维困难、机器人写作及AI主播的发展局限等方面。尽管研发难度大，但超八成受访者认为国内传统媒体（报纸、广电）及新媒体机构都有必要应用人工智能技术，外部合作与自主研发两条技术实现路径均为受访者所看重。

● 面对人工智能的挑战，受访者认为媒体最需要"增强采编队伍的技术储备和创新能力"（75.3%）、"加大技术投入"（71.3%）、"改造采编发业务流程"（63.9%）。此外，六成左右受访者认为"优化体制机制"（61.3%）、"全员刷新理念"（59.7%）也是媒体需要强化的方面。

一、传媒业人工智能技术的运用程度

1. 超四成受访者认为目前国内传媒业对人工智能相关技术的应用程度一般

对于国内传媒业应用人工智能技术的程度，42.9%的受访者认为"一般",认为"比较不充分"(18.0%)和"不充分"(9.7%)的比例合计为27.7%,认为"非常充分"(9.8%)和"比较充分"(14.6%)的比例合计达24.4%。整体上,传媒业应用人工智能的程度还有待技术进一步的发展、探索进一步的深化。

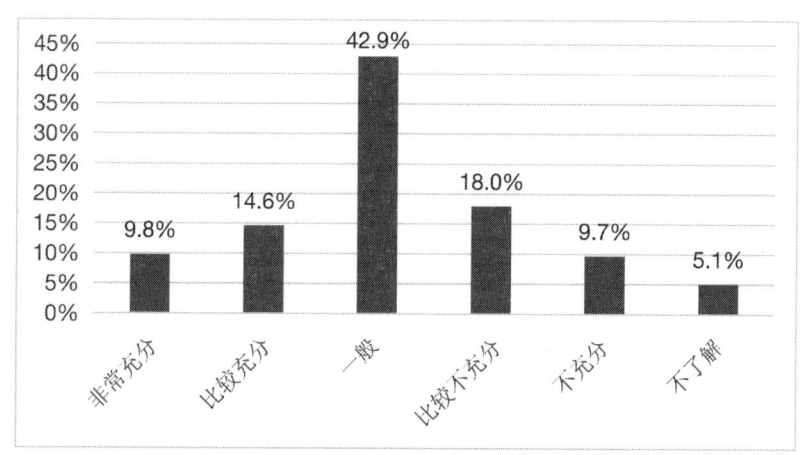

图1 国内传媒业对人工智能相关技术的应用程度

2.近半数受访者认为目前国内传媒业对人工智能相关技术的应用效果一般

与应用程度直接相关的,46.7%的受访者认为国内传媒业对人工智能

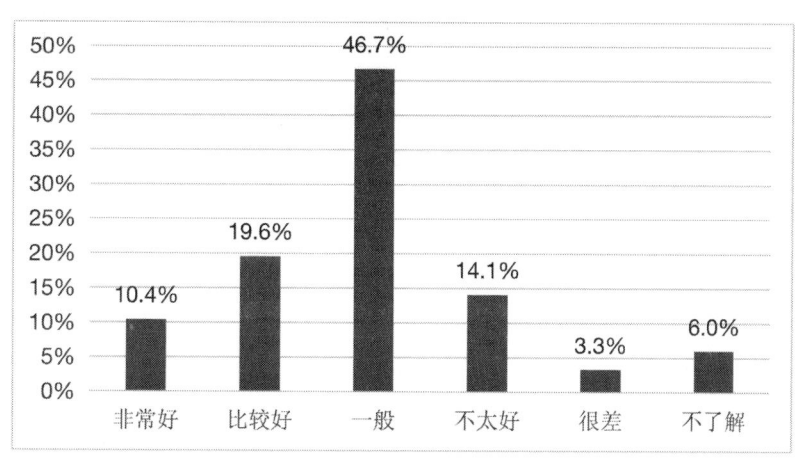

图2 国内传媒业对人工智能相关技术的应用效果

相关技术的应用效果一般,认为应用效果"非常好"(10.4%)和"比较好"(19.6%)的比例合计达30%,认为"不太好"(14.1%)和"很差"(3.3%)的比例合计达17.4%。传媒从业者对人工智能技术的应用效果有进一步提升的期待。

3. 超八成受访者认为国内传媒业的人工智能应用呈现积极态势

目前越来越多的国内媒体开始在新闻生产、分发及效果反馈等各个环节应用人工智能技术。对于国内传媒业应用人工智能的态势,81.8%的受访者认为呈现"积极态势",6.2%认为呈"消极态势",另有12.0%表示"不了解"。

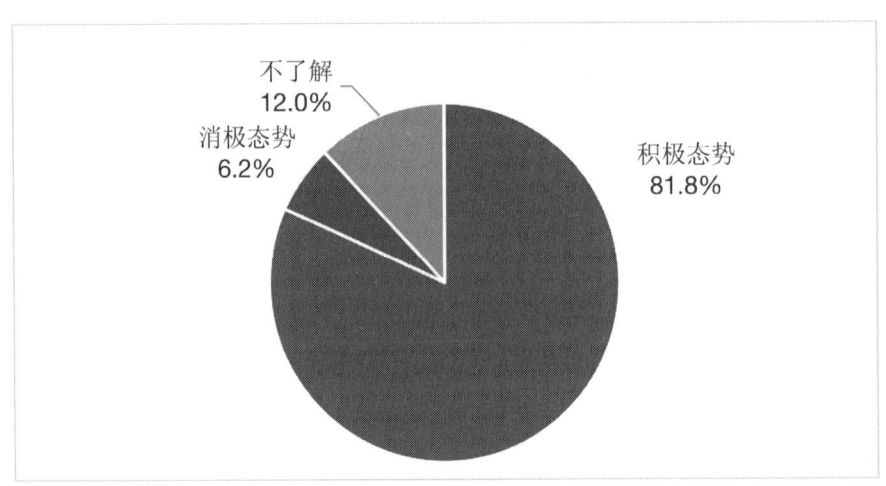

图3 国内传媒业的人工智能应用态势

4. 人工智能对媒体舆论引导能力的影响和效果方面,近半数受访者认为能力增强,且效果提升明显

近半数(49.2%)的受访者认为人工智能对媒体舆论引导能力产生积极影响,"能力增强,效果提升明显",33.5%表示"能力增强,效果提升一般",8.8%表示"能力没有明显增强,效果提升一般"。

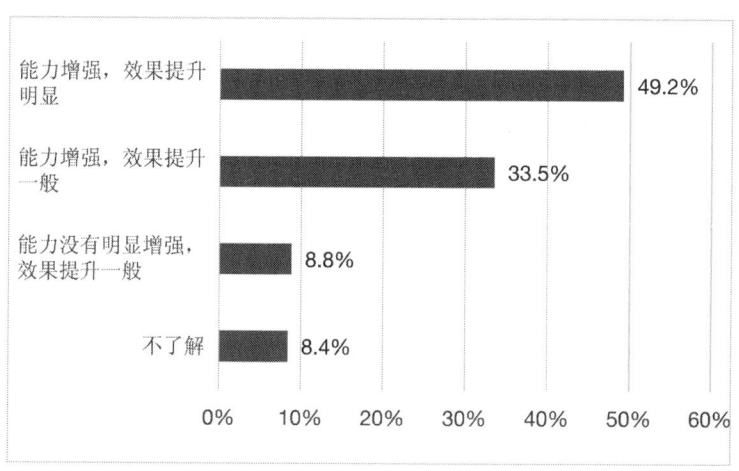

图4 人工智能对媒体舆论引导能力的影响和效果

5. 受访者普遍认为新的媒体业态、新媒体机构对于人工智能技术的应用效果好于传统媒体

研究者采用对五级量表赋值打分的方式，即效果非常好（5分）、比较好（4分）、一般（3分）、比较差（2分）、非常差（1分），来就受访者对各类媒体应用人工智能技术的效果评估。受访者认为新的媒体业态（如今日头条、抖音、快手等基于算法的信息平台）（3.7分）以及新媒体（如新闻客户端、微信公众号、微博、门户网站等）（3.2分）应用人工智能的效果，

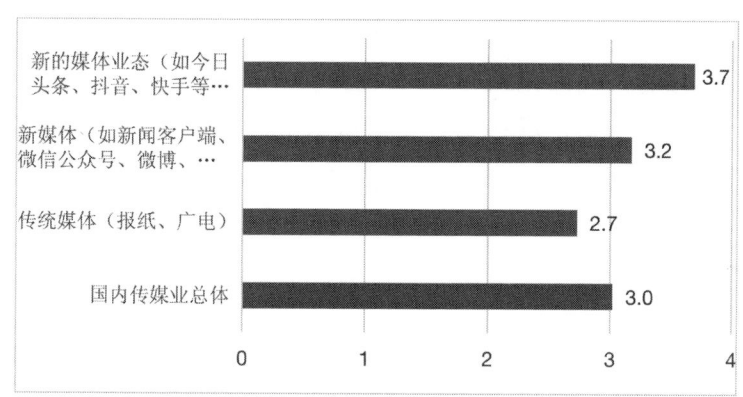

图5 国内传媒业对人工智能相关技术的应用效果对比

优于国内传媒业总体的应用效果（3.0分）。而传统媒体（报纸、广电）（2.7分）的应用效果低于国内传媒业总体，效果有待提升。

二、人工智能技术在新闻领域各环节的运用状况

1. 受访者认为人工智能对媒体的采编发流程影响最大

针对人工智能对媒体机构品牌、采编发流程、编辑工作、记者工作及经营收益的影响程度，本次调查采用五级量表的方式了解了受访者的态度。数据分析过程中，研究者对不同的影响程度进行了赋值打分，影响非常大（5分）、比较大（4分）、一般（3分）、较小（2分）、没有影响（1分），综合计算各方面影响的平均分值。

赋值计算的结果显示，受访者认为人工智能对媒体采编发流程的影响最大（4.2分），对编辑工作（4.1分）、媒体机构品牌（4.0分）的影响也比较大。相对而言，对记者工作（3.9分）、经营收益（3.8分）的影响小一些。

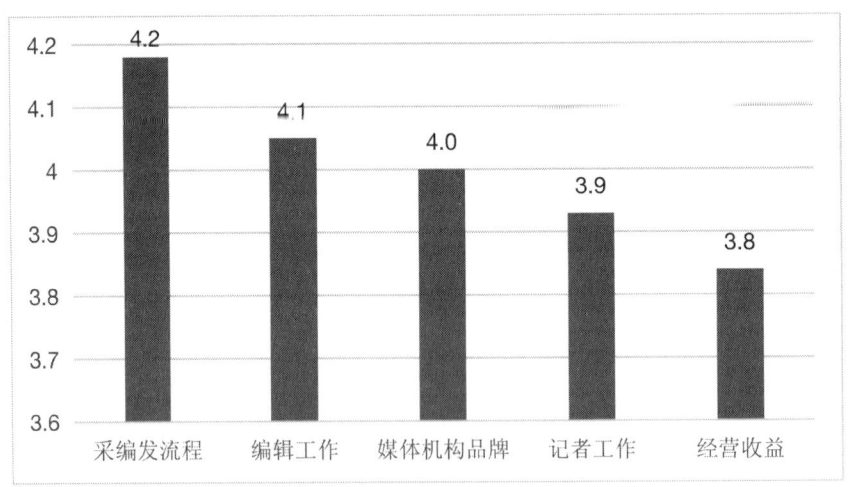

图6 人工智能对媒体机构品牌、采编发流程、编辑工作、记者工作及经营收益的影响程度

具体来看，人工智能对媒体机构品牌的影响程度，78.8%的受访者认

为影响大,36.1%表示"非常大",42.7%表示"较大"。

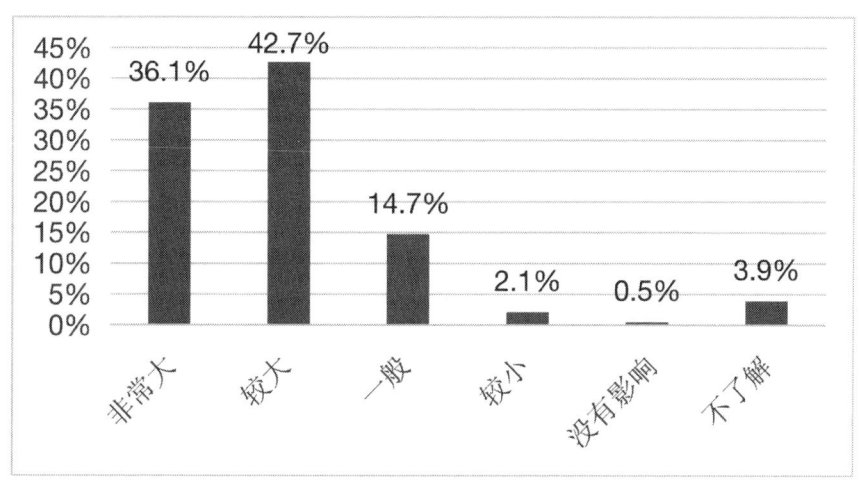

图7 人工智能对媒体机构品牌的影响程度

人工智能对采编发流程影响程度,84.3%的受访者认为影响大,43.3%表示"非常大",41.0%表示"较大"。

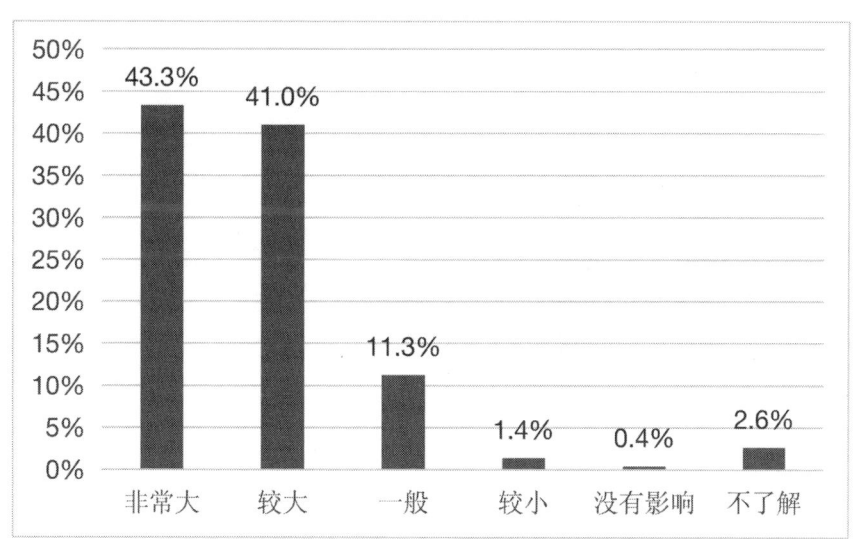

图8 人工智能对采编发流程的影响程度

人工智能对媒体机构经营收益的影响程度,73.6%的受访者认为影响大，34.5%表示"非常大"，39.1%表示"较大"。

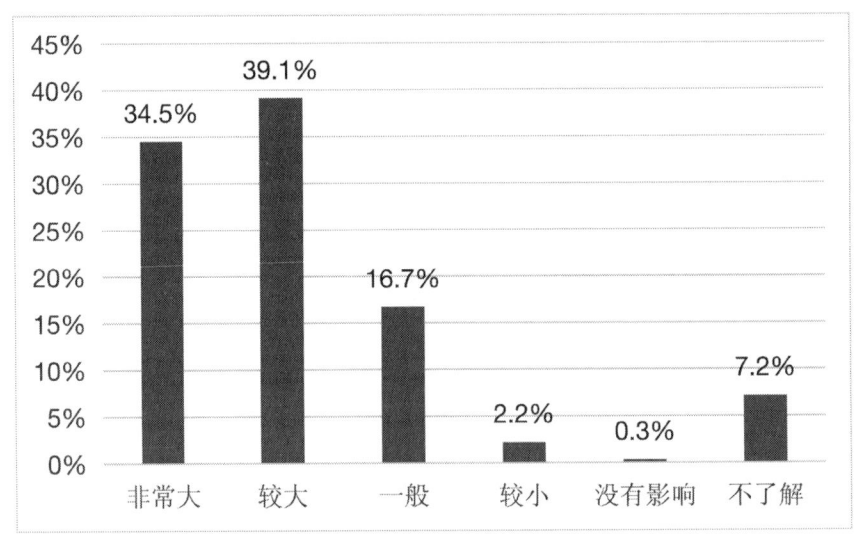

图9 人工智能对媒体机构经营收益的影响程度

人工智能对编辑工作的影响程度，79.9%的受访者认为影响大，37.6%表示"非常大"，42.3%表示"较大"。

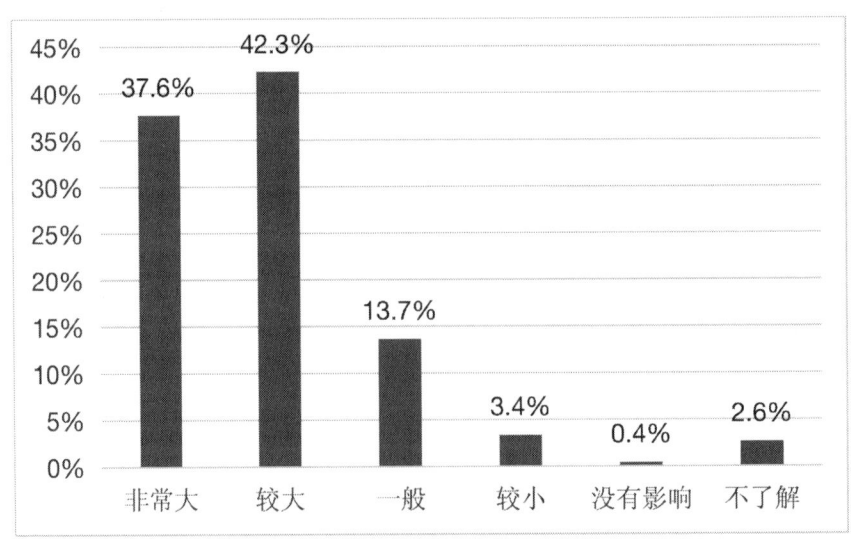

图10 人工智能对编辑工作的影响程度

人工智能对记者工作的影响程度，73.4%的受访者认为影响大，32.1%表示"非常大"，41.3%表示"较大"。

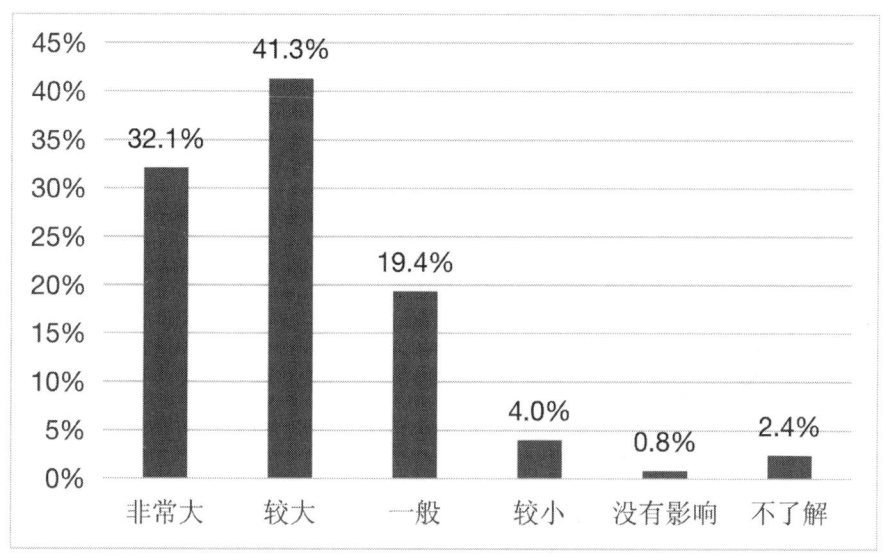

图11 人工智能对记者工作的影响程度

2.国内新闻工作的各业务环节中，人工智能应用渗入度最高的集中在舆情监测/线索收集、内容精准传播、用户画像等环节

目前，国内新闻工作的各业务环节中，人工智能技术的渗入程度存在差异。受访者普遍认为，舆情监测/线索收集（71.6%）、内容精准传播（63.2%）、用户画像（56.9%）等环节的渗入程度最高，位列前三。此外，效果评估（54.5%）、与用户互动（54.1%）、采集（49.4%）等环节对人工智能技术的应用程度也比较高。

值得注意的是，在策划（19.0%）、写作（22.6%）、新闻事实核查（24.3%）等需要新闻人发挥主动性、创造性的环节，人工智能技术的渗入程度比较低。

表1 国内新闻工作各业务环节中人工智能应用的渗入度

序号	新闻工作各业务环节	选择比例
1	舆情监测/线索收集	71.6%
2	内容精准传播	63.2%
3	用户画像	56.9%
4	效果评估	54.5%
5	与用户互动	54.1%
6	采集	49.4%
7	广告经营、市场推广	46.3%
8	编辑制作	44.5%
9	发布	43.1%
10	新闻事实核查	24.3%
11	写作	22.6%
12	策划	19.0%

3. 受访者认为目前人工智能应用对新闻报道的时效性、个性化新闻分发的精准度、新闻生产效率的帮助作用最大

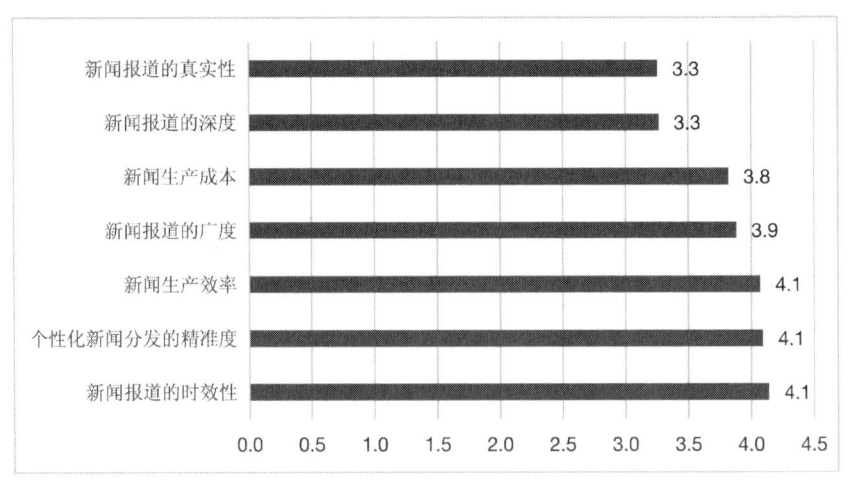

图12 人工智能技术对新闻报道各方面的帮助作用

本次调查采用五级量表的方式，请媒体从业者评估了人工智能技术对新闻报道各方面的帮助作用。使用前述赋值打分方式计算出的数据显示，受访者认为，人工智能技术对报道时效（4.1 分）、个性化新闻分发的精准度（4.1 分）及新闻生产效率（4.1 分）的帮助最大。相对而言，人工智能技术对于新闻报道的深度（3.3 分）和真实性（3.3 分）的帮助作用较小。

三、媒体从业者对人工智能技术应用的感受和评价

1.国内媒体从业者印象最深的智能应用是今日头条算法推荐和个性化信息流分发，以及新华社、人民日报等推出的 AI 合成主播

当前，不少人工智能技术已被应用到国内新闻生产的策采编发各个环节。受访者印象最深的集中在 AI 合成主播、算法推荐和个性化信息流分发（54.5%），以及新华社"媒体大脑"（42.7%）等智能生产平台。其他智能应用可能受限于推广程度不够，或智能化程度不深，受访者的印象不深。

表2 国内媒体从业者印象最深的智能应用

序号	印象最深的智能应用	选择比例
1	今日头条算法推荐和个性化信息流分发	54.5%
2	新华社虚拟主播	50.1%
3	人民日报 AI 合成主播	45.4%
4	新华社"媒体大脑"	42.7%
5	新华社机器人写稿系统"快笔小新"	38.1%
6	梨视频智能视频剪辑工具	30.0%
7	人民日报社"人民日报创作大脑"平台	29.2%
8	微软"小冰"	25.5%
9	光明日报问答机器人"小明"	21.2%
10	腾讯 DreamWriter	19.7%
11	封面新闻客户端	19.2%
12	中央人民广播电台 下文 APP	15.9%

2.人工智能技术驱动的新的媒体业态中,受访者印象最深的集中在视频平台(快手、抖音等)、资讯定制类的平台(今日头条、一点资讯等)、网络社交类的平台(微博、微信等)。

近年出现了不少人工智能技术驱动的新的媒体业态,令受访者印象最为深刻的新业态是快手、抖音等视频平台(75.5%),今日头条、一点资讯等资讯定制类平台(63.7%)以及微博、微信等网络社交类平台(54.3%)。相对而言,受访者对问答平台、音频平台在智能驱动方面的发展印象不太深。

表3 国内媒体从业者印象最深的人工智能驱动新业态

序号	印象最深的智能驱动新业态	选择比例
1	视频平台(快手、抖音等)	75.5%
2	基于资讯定制类的平台(今日头条、一点资讯等)	63.7%
3	基于网络社交类的平台(微博、微信等)	54.3%
4	搜索平台(百度、搜狗等)	52.3%
5	问答平台(知乎等)	36.0%
6	音频平台(喜马拉雅等)	35.0%

3.对人工智能媒体应用的感受及评价

目前,传媒领域落地了多项人工智能技术,本次主题调查重点了解了受访者对相关技术的知晓程度,请受访者对不同技术的使用频率、易用性、重要性、对效率的提升程度进行了评估,得出对22项人工智能技术的综合感受和评价。

从了解程度看,受访者知晓程度最高的五项智能技术是AI主播(39.0%)、算法推送新闻(39.0%)、机器人写稿(37.6%)、舆情监测/新闻热点抓取和预测(36.2%)和智能检校(监测新闻稿件中的可疑或高危文本/图片并进行预警)(34.1%)。而新闻情感分析(15.7%)、专家观点萃取（15.3%）、自动化专题（13.1%）等技术的知晓程度相对较低。

表4 传媒领域落地的人工智能技术的知晓度

传媒领域落地的人工智能技术	知晓度	传媒领域落地的人工智能技术	知晓度
AI主播	39.0%	新闻调查/数据挖掘	25.2%
算法推送新闻	39.0%	自动生成图表、自动给稿件配图	24.7%
机器人写稿	37.6%	长文缩写和自动摘要	21.7%
舆情监测/新闻热点抓取和预测	36.2%	视频字幕生成（运用Speech to text技术自动给视频追加字幕）	21.7%
智能检校（监测新闻稿件中的可疑或高危文本/图片并进行预警）	34.1%	视频自动合成/拆分（根据文本、语音、图片、动画自动合成一段视频）	21.2%
采访助手（自动把采访的语音或视频转化成文字辅助编辑写稿）	32.6%	图片视频自动分类	20.8%
机器人聊天新闻/问答机器人	32.5%	新闻自动标引	19.7%
语音新闻（新闻文字转化成语音或广播，开发听新闻产品）	30.7%	主题抽取（从新闻稿件库中抽取热点新闻主题）	17.4%
视频加工（换脸、特效等）	30.4%	新闻情感分析（对新闻稿件的情感倾向做分析）	15.7%
用户评论审查	30.2%	专家观点萃取（从互联网稿件中抽取大V、意见领袖等观点）	15.3%
原创识别、盗版追踪（分析新闻稿件被转引转载的情况，进行版权追溯）	26.0%	自动化专题（根据给定的主题自动生成新闻专题）	13.1%

综合使用频率、易用性、重要性、对效率的提升程度等维度的评估情况，这些传媒领域落地的人工智能技术在综合影响力方面，受访者打分最高的五项技术是：原创识别、盗版追踪（分析新闻稿件被转引转载的情况，进行版权追溯）（4.0分），视频字幕生成（运用Speech to text

技术自动给视频追加字幕）（4.0分），算法推送新闻（4.0分），图片视频自动分类（4.0分）以及采访助手（自动把采访的语音或视频转化成文字辅助编辑写稿）（3.9分）。

表5 传媒领域落地的人工智能技术的综合影响力打分

传媒领域落地的人工智能技术	综合影响力打分	传媒领域落地的人工智能技术	综合影响力打分
原创识别、盗版追踪（分析新闻稿件被转引转载的情况，进行版权追溯）	4.0	专家观点萃取（从互联网稿件中抽取大V、意见领袖等观点）	3.8
视频字幕生成（运用Speech to text技术自动给视频追加字幕）	4.0	智能检校（监测新闻稿件中的可疑或高危文本/图片并进行预警）	3.7
算法推送新闻	4.0	自动化专题（根据给定的主题自动生成新闻专题）	3.7
图片视频自动分类	4.0	长文缩写和自动摘要	3.6
采访助手（自动把采访的语音或视频转化成文字辅助编辑写稿）	3.9	舆情监测/新闻热点抓取和预测	3.6
用户评论审查	3.8	新闻情感分析（对新闻稿件的情感倾向做分析）	3.5
主题抽取（从新闻稿件库中抽取热点新闻主题）	3.8	新闻调查/数据挖掘	3.5
视频自动合成/拆分（根据文本、语音、图片、动画自动合成一段视频）	3.8	视频加工（换脸、特效等）	3.4
自动生成图表、自动给稿件配图	3.8	机器人聊天新闻/问答机器人	3.4
语音新闻（新闻文字转化成语音或广播，开发听新闻产品）	3.8	AI主播	3.2
新闻自动标引	3.8	机器人写稿	3.1

从使用频率来看，算法推送新闻，视频字幕生成（运用Speech to text

技术自动给视频追加字幕),图片视频自动分类,原创识别、盗版追踪(分析新闻稿件被转引转载的情况,进行版权追溯)以及主题抽取(从新闻稿件库中抽取热点新闻主题)是受访者使用最多的五项智能技术。

表6 使用频率最高的五项传媒领域落地的人工智能技术

序号	传媒领域落地的人工智能技术	使用频率打分
1	算法推送新闻	4.0
2	视频字幕生成(运用Speech to text技术自动给视频追加字幕)	3.9
3	图片视频自动分类	3.9
4	原创识别、盗版追踪(分析新闻稿件被转引转载的情况,进行版权追溯)	3.9
5	主题抽取(从新闻稿件库中抽取热点新闻主题)	3.8

从易用性来看,受访者认为算法推送新闻,原创识别、盗版追踪(分析新闻稿件被转引转载的情况,进行版权追溯),视频字幕生成(运用Speech to text技术自动给视频追加字幕),图片视频自动分类,采访助手(自动把采访的语音或视频转化成文字辅助编辑写稿)是最易使用的五项智能技术。

表7 易用性最好的五项传媒领域落地的人工智能技术

序号	传媒领域落地的人工智能技术	易用性
1	算法推送新闻	3.9
2	原创识别、盗版追踪(分析新闻稿件被转引转载的情况,进行版权追溯)	3.9
3	视频字幕生成(运用Speech to text技术自动给视频追加字幕)	3.9
4	图片视频自动分类	3.9
5	采访助手(自动把采访的语音或视频转化成文字辅助编辑写稿)	3.8

从重要性角度看，受访者认为原创识别、盗版追踪（分析新闻稿件被转引转载的情况，进行版权追溯），视频字幕生成（运用 Speech to text 技术自动给视频追加字幕），图片视频自动分类，用户评论审查，采访助手（自动把采访的语音或视频转化成文字辅助编辑写稿）是重要性最强的五项智能技术。

表 8 重要性最强的五项传媒领域落地的人工智能技术

序号	传媒领域落地的人工智能技术	重要性
1	原创识别、盗版追踪（分析新闻稿件被转引转载的情况，进行版权追溯）	4.2
2	视频字幕生成（运用 Speech to text 技术自动给视频追加字幕）	4.0
3	图片视频自动分类	4.0
4	用户评论审查	4.0
5	采访助手（自动把采访的语音或视频转化成文字辅助编辑写稿）	3.9

从效率提升的角度看，受访者认为视频字幕生成（运用 Speech to text 技术自动给视频追加字幕），原创识别、盗版追踪（分析新闻稿件被转引转载的情况，进行版权追溯），图片视频自动分类，采访助手（自动把采访的语音或视频转化成文字辅助编辑写稿），算法推送新闻是对新闻生产传播效率提升最显著的五项智能技术。

表 9 效率提升最显著的五项传媒领域落地的人工智能技术

序号	传媒领域落地的人工智能技术	效率提升
1	视频字幕生成（运用 Speech to text 技术自动给视频追加字幕）	4.1
2	原创识别、盗版追踪（分析新闻稿件被转引转载的情况，进行版权追溯）	4.1
3	图片视频自动分类	4.1
4	采访助手（自动把采访的语音或视频转化成文字辅助编辑写稿）	4.1
5	算法推送新闻	4.1

四、人工智能与传媒业的关系及影响

1. 超八成受访者认为人工智能对传媒业整体影响大

调查显示,谈及人工智能对传媒业的整体影响,超半数(50.9%)受访者认为"非常大",36.5%的受访者认为影响"较大",合计超八成(87.4%)受访者认为整体影响大,仅有0.4%的受访者表示"没有影响"。

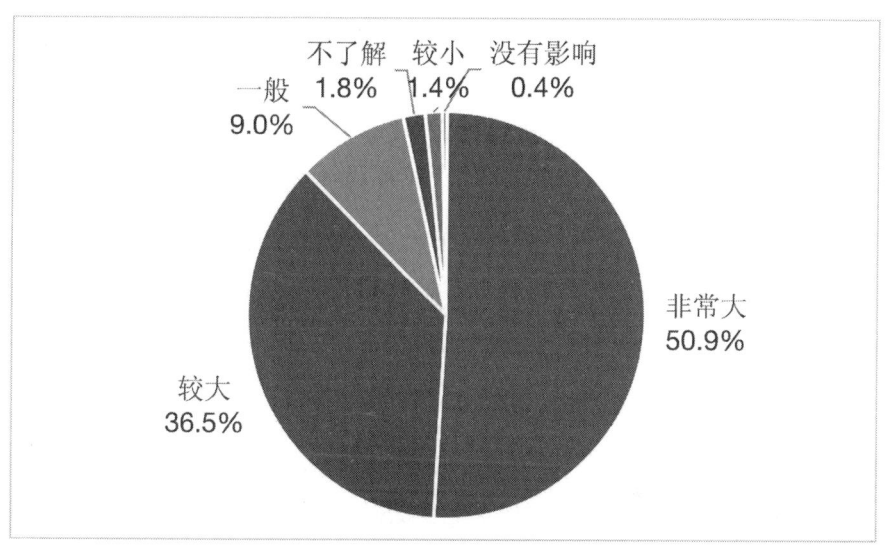

图13 人工智能对传媒业的整体影响

2. 近半数受访者认为人工智能对媒体的影响有积极的一面,也有消极的一面

49.4%的受访者认为人工智能对媒体的影响有积极的一面,也有消极的一面。46.9%的受访者认为人工智能对媒体的影响是积极的,单纯认为影响消极的比例仅占1.4%。总体来看近半数受访者能够辩证看待人工智能对媒体的影响,并且认可人工智能影响媒体变革发展有积极面的比例高达96.3%。

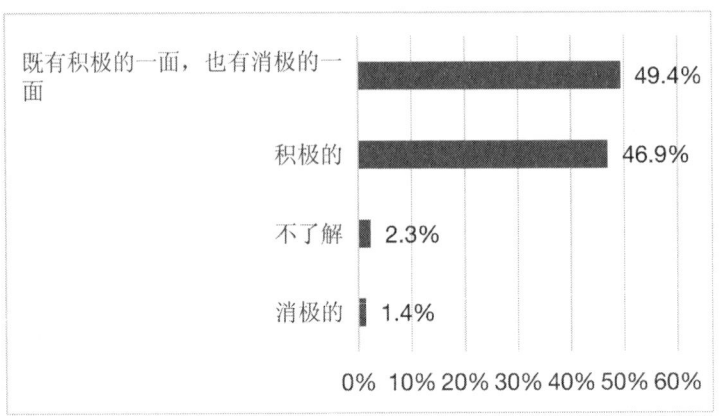

图 14 人工智能对传媒业的正负面影响

3. 超七成受访者认为人工智能应用对未来国内新的媒体业态影响非常大

今日头条等将算法推荐等人工智能技术创新运用于新闻信息的分发领域，建构出全新的信息传播平台。尽管今日头条、一点资讯、快手等科技平台声称自己不是媒体，但其极强的信息分发能力，以及对内容生态的构建，使其成为具有媒体属性的新兴业态。

未来，人工智能的应用对国内新的媒体业态的影响如何，73.2%的受访者表示影响将"非常大"，表示"一般"的比例为21.3%。"没有影响"和"不了解"的比例分别占1.0%和4.4%。

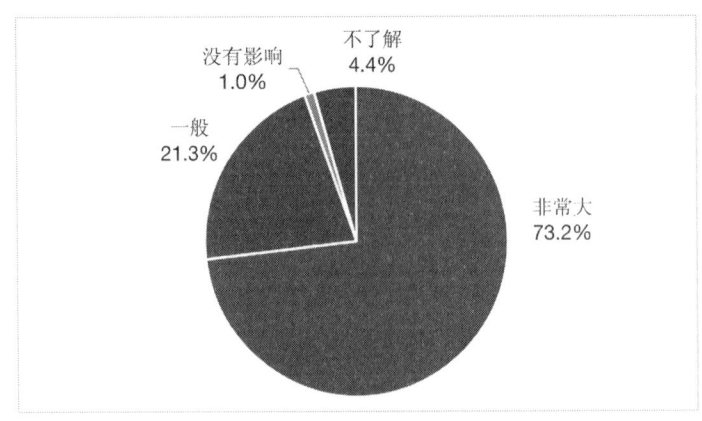

图 15 人工智能应用对未来国内新的媒体业态影响

4. 超八成受访者认为当前国内媒体融合发展进程中,人工智能技术的应用空间大

媒体从业者普遍看到了人工智能技术在媒体融合进程中的重要作用。22.6%的受访者认为人工智能技术的应用"各方面迫切需要",60.3%表示"应用空间较大"。11.6%表示"应用空间有限"。

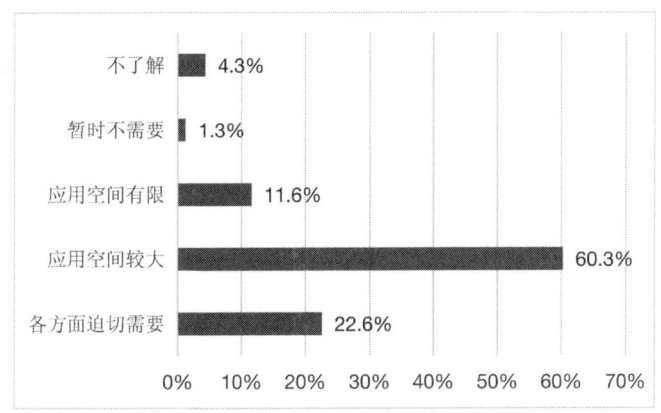

图16 媒体融合发展进程中,人工智能技术的应用空间

5. 近七成受访者认为,人工智能将会不断催生新的媒体业态

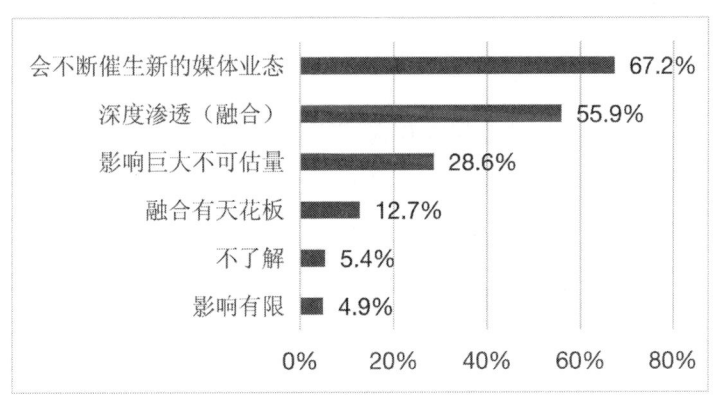

图17 人工智能对传媒业发展趋势的影响

人工智能对传媒业发展趋势的影响方面,67.2%的受访者认为人工智能"会不断催生新的媒体业态",55.9%的受访者认为人工智能将与媒体"深

度渗透（融合）"。不过也有17.6%的受访者持谨慎态度，认为"融合有天花板"（12.7%）、"影响有限"（4.9%）。

6. 超六成受访者认为人在新闻生产中发挥主导作用

面对新闻生产中，人与人工智能的关系问题，更多的传媒从业者强调人的价值和作用。65.1%的受访者认为新闻生产中"人是主导"，30%的受访者表示应"人机协作"。

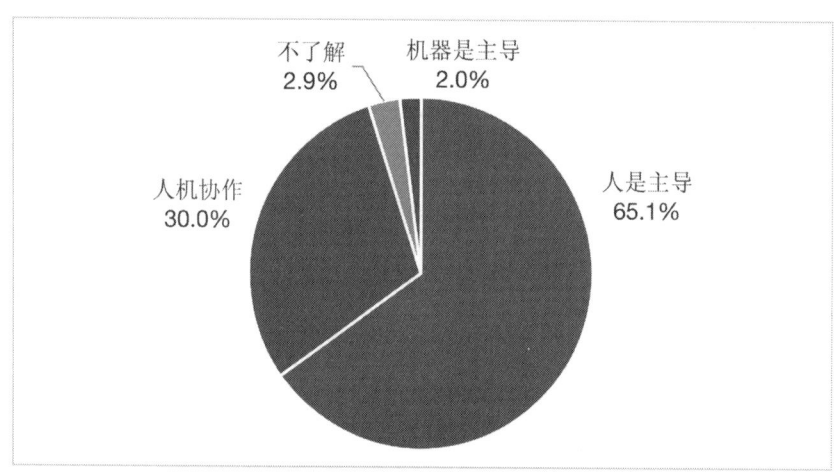

图18 新闻生产中，人与人工智能的关系

五、人工智能在媒体应用中存在的问题及对策

1. 人工智能在传媒业运用中存在的问题，集中在假新闻识别、自主研发运维、机器人及AI主播的发展局限等方面

人工智能技术在传媒业运用的过程中，不可避免面临很多困难和问题。调查数据显示，受访者认为，当前智能技术应用的问题集中在"假新闻识别难度加大"（54.5%）、"自主研发运维难度大"（50.5%）、"机器人写作有天花板"（50.0%）以及"AI主播不够有'温度'"（47.1%）等方面。

而伴随传媒业数字化、智能化程度的加深，网络治理水平的提高，以及新的媒体业态的不断发展，"数据化不充分"（40.5%）、"信息治理难度加大"（39.5%）以及"推荐算法使'信息窄化'"（38.1%）等方面的问题有所缓解。

表10 人工智能在传媒业运用中存在的问题

序号	存在问题	选择比例
1	假新闻识别难度加大	54.5%
2	自主研发运维难度大	50.5%
3	机器人写作有天花板	50.0%
4	AI主播不够有"温度"	47.1%
5	隐私保护难度加大	45.1%
6	版权保护难度加大	42.2%
7	人机协作产品权责归属难以界定	41.4%
8	人机协作难度大	41.2%
9	数据化不充分	40.5%
10	信息治理难度加大	39.5%
11	推荐算法使"信息窄化"	38.1%

2. 面对人工智能的挑战，受访者认为媒体最需要强化队伍建设、加大技术投入、改造采编流程

数据显示，受访者认为媒体应对人工智能的挑战首先应"增强采编队伍技术储备和创新能力"（75.3%），然后还应"加大技术投入"（71.3%）、"改造采编发业务流程"（63.9%）。此外，六成左右受访者认为"优化体制机制"（61.3%）、"全员刷新理念"（59.7%）也是媒体需要强化的方面。

表11 面对人工智能的挑战，媒体最需要强化的方面

序号	媒体最需强化的方面	选择比例
1	增强采编队伍技术储备和创新能力	75.3%

续表

2	加大技术投入	71.3%
3	改造采编发业务流程	63.9%
4	优化体制机制	61.3%
5	全员刷新理念	59.7%
6	注重内容数据化	59.5%
7	出台行业规范	54.3%

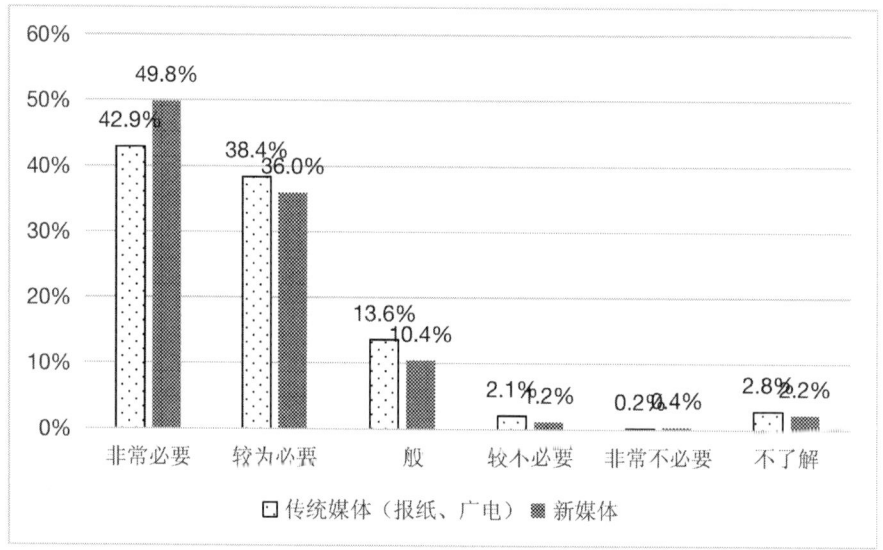

图19 国内传统媒体（报纸、广电）及新媒体机构应用人工智能技术的必要性

3.受访者表示国内传统媒体（报纸、广电）及新媒体机构应用人工智能技术的必要性，均超过八成

受访者认为传统媒体应用人工智能的必要性比例合计达81.3%，新媒体机构应用的必要性合计达85.8%。相比较而言，认为新媒体机构"非常必要"应用人工智能技术的比例更高，达49.8%。

4.媒体机构人工智能技术的实现路径方面，外部合作与自主研发都为受访者所看重

83.1%的受访者认为，媒体机构有必要与外部科技企业及机构合作研发人工智能技术；58.6%的受访者认为，媒体机构有必要自主研发人工智能技术。两种实现路径都受到受访的媒体从业者重视，原因一方面在于底层的AI技术大部分掌握在外部科技企业和研究机构，但另一方面基于新闻信息传播场景的技术研发还需要结合媒体应用发展的实际。

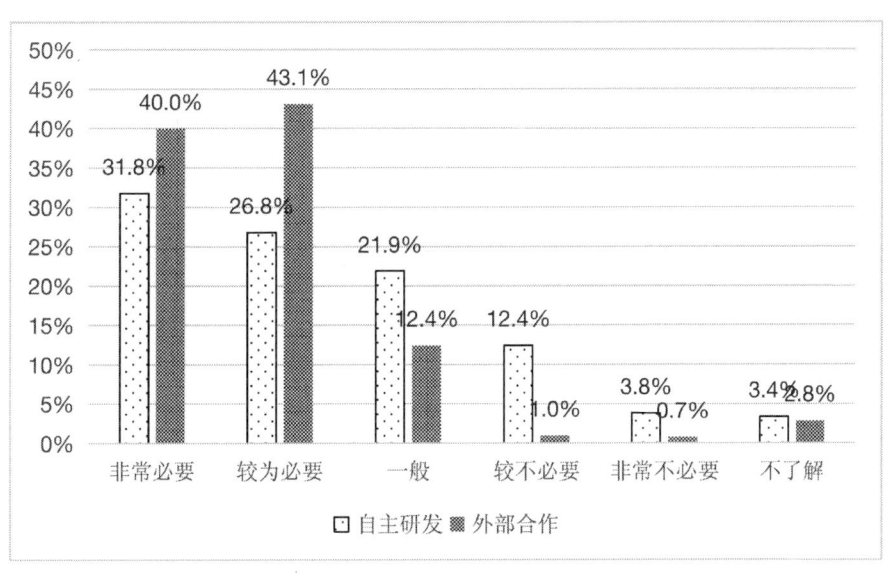

图20 媒体机构人工智能技术的实现路径

5. 人工智能的发展对传媒业未来发展趋势的影响集中在提高生产效率、推动媒体融合进一步深化、创新媒体生产方式等方面

人工智能技术的发展将深刻影响传媒业的未来发展。受访者认为这种影响集中在提高媒体生产效率（70.6%）、推动媒体融合进一步深化（68.2%）、创新媒体生产方式（68.2%）和提高精准分发能力（65.6%）等方面。而受访者认为人工智能在拓展新闻报道的广度（53.4%）和深度（41.1%）方面影响相对较弱，这更多有赖于新闻人扎实锤炼"四力"，增强新闻的辐射面和穿透力。

表 12 人工智能的发展对传媒业未来发展趋势的影响

序号	人工智能影响传媒业未来发展趋势	选择比例
1	提高媒体生产效率	70.6%
2	推动媒体融合进一步深化	68.2%
3	创新媒体生产方式	68.2%
4	提高精准分发能力	65.6%
5	深度介入媒体策、采、编、发	64.3%
6	增强互动反馈效果	59.8%
7	降低生产成本	58.3%
8	拓展新闻报道的广度	53.4%
9	拓展新闻报道的深度	41.1%

样本信息

智能时代：媒体重塑
THE UPGRADING OF MEDIA
IN THE AI ERA

一、性别

性别	数量	百分比
男	508	53.4%
女	443	46.6%

二、年龄

年龄	数量	百分比
30岁以下	212	22.3%
30-40岁	453	47.6%
40-50岁	234	24.6%
50岁以上	52	5.5%

三、媒体机构

媒体机构	数量	百分比
通讯社	72	7.6%
报纸	390	41.0%
广播	57	6.0%
电视	165	17.4%
网站	156	16.4%
新媒体业态（今日头条、快手等）	111	11.7%

四、岗位类型

岗位类型	数量	百分比
记者	187	19.7%
编辑	416	43.7%
技术	115	12.1%

续表

行政	139	14.6%
运营	94	9.9%

五、学历

学历	数量	百分比
大专及以下	125	13.1%
学士	648	68.1%
硕士、双学士	175	18.4%
博士	3	0.3%

六、职称

职称	数量	百分比
初级	461	48.5%
中级	344	36.2%
副高	111	11.7%
高级	35	3.7%

七、从业年限

从业年限	数量	百分比
不足3年	120	12.6%
3—5年	134	14.1%
5—10年	225	23.7%
10年以上	472	49.6%

八、机构所在地

机构所在地区	数量	百分比
东部	373	39.2%
中部	279	29.3%
西部	299	31.4%

参考文献

陈昌凤，师文. 智能化新闻核查技术：算法、逻辑与局限 [J]. 新闻大学，2018(6).

陈建伟. 人工智能与医疗深度融合 [J]. 中国卫生，2017(9).

陈毅华，张静. 从概念到集成化、产品化、商业化实践——从媒体大脑看人工智能技术与媒体业态的融合 [J]. 中国记者，2019(2).

程东亮. 人工智能在金融领域应用现状及安全风险探析 [J]. 金融科技时代，2016(9).

傅丕毅，商艳青，张宁宁. "媒体大脑"的智媒演变：万物为媒，人机共生 [J]. 传媒，2019(4).

淦凌云，卫萌. 科大讯飞：从语音到 AI 的前行之路 [J]. 中国工业和信息化，2019(4).

李凌. 智能时代媒介伦理原则的嬗变与不变 [J]. 新闻与写作，2019(4).

彭兰. 未来传媒生态：消失的边界与重构的版图 [J]. 现代传播，2017(1).

彭兰. 智能时代的新内容革命 [J]. 国际新闻界，2018(6).

钱丽娜，游丛瑞. 刘庆峰的焦虑：科大讯飞危局 [J]. 商学院，2018(12).

商艳青. 媒体大脑驱动智媒发展 [J]. 中国地市报人，2019(4).

汪涛. 人工智能发展将驶入快车道 [J]. 中国科技产业，2019(9).

王维嘉. 暗知识——机器认知如何颠覆商业和社会 [M]. 北京：中信出版集团，2019.

高伟，姜飞.全球传播生态发展报告(2018)[M].北京：社会科学文献出版社，2018.

谢耘耕，陈虹.新媒体与社会(第二十二辑)[M].北京：社会科学文献出版社，2018.

喻国明.区块链变革与主流媒介的角色与担当[J].新闻与写作，2018(9).

喻国明，兰美娜，李玮.智能化：未来传播模式创新的核心逻辑——兼论"人工智能＋媒体"的基本运作范式[J].新闻与写作，2017(3).

喻国明，赵睿.媒体可供性视角下"四全媒体"产业格局与增长空间[J].学术界，2019(7).

郑南君.人工智能在医疗健康领域中的应用解析[J].中国卫生产业，2017(19).

胡正荣，周亭.新媒体前沿(2016-2017)：人工智能与虚拟现实[M].北京：社会科学文献出版社，2017.

卜彦芳，张学勤，漆亚林，司思.中国传媒经济发展报告(2018)[M].北京：社会科学文献出版社，2018.

中国信息通信研究院，中国人工智能产业发展联盟.人工智能发展白皮书技术架构篇[R/OL].http://www.caict.ac.cn.(2018-09-06) [2019-12-01].

中国信息通信研究院，中国人工智能产业发展联盟.人工智能发展白皮书产业应用篇[R/OL].http://www.caict.ac.cn.(2018-12-27) [2019-12-01].

后 记

人工智能对媒体的影响已初见端倪，但大幕刚刚拉开，目前为止显露的只是冰山一角，可以预见，未来将是深刻而长远的巨变。凡事预则立，不预则废。新华社新闻研究所成立课题组，聚焦前沿、发现问题、观察动向、寻找对策、预测趋势、提供参考。

新华社新闻研究所发挥新闻理论、实践研究和对媒体发展趋势研究的优势，组成强大的研究团队，站在制高点上，开展前沿研究，推出研究成果，发布年度报告。

研究团队对第一手的、最新的、权威的信息资料进行分析，形成报告后，经过反复讨论修改，力求分析准确、见解深刻、观点独到、预测精准。

本书便是这一重大研究成果的集成。由朱智宾同志协调，各章执笔人如下：第一章 人工智能技术对社会发展及传媒领域的影响，毛伟、陈刚、邓水光；第二章 媒体人工智能应用现状，何慧媛；第三章 人工智能在新闻传播全链条中的具体应用，庞晓华；第四章 人工智能应用对用户与受众市场的影响，何慧媛；第五章 媒体应用人工智能技术面临的问题与挑战，南隽；第六章 人工智能时代新闻媒体创新发展的对策建议，毛伟；第七章 人工智能时代媒体发展趋势展望，李成；案例分析，李成、何慧媛、毛伟、庞晓华、陈怡；问卷调查报告，何慧媛。

新华社副社长刘思扬、张宿堂同志负责本书终审定稿。

浙江大学校长、中国科学院院士吴朝晖，浙江大学应飚、韦路、陈刚、赵瑜、邓水光等同志为此次研究提供大力支持。

研究团队调研点多面广，新华社北美总分社、欧洲总分社、东京分社经过调研，提供了国际媒体机构、科技企业有关情况；新华社新闻信息中心发挥遍布全国的网络优势，提供了问卷调查支持。没有他们的支持帮助，完成这么大的工作量是不可能的。在此特别致谢！

不足之处，请大家批评指正。

本书课题组

2020年1月